역사 인물로 배우는 한국어

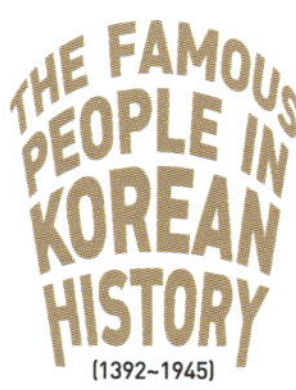

KOREAN READING SKILLS IN CONTENT AREAS: HISTORY
역사 인물로 배우는 한국어

Written by   Ihnhee Lee Kim, Sang Yee Cheon, Min Jung Jee
Edited by   Eugene Lee, Soyoung Kim, Soyeon Moon, Soo Jung Sung
Designed by   Kyesoo Chung, Euna Seo

Published by Kong & Park, Inc.
85 Gwangnaru-ro 56-gil, Gwangjin-gu, Seoul, 05116 Rep. of Korea
info@kongnpark.com
Tel +82 (0)2 565 1531
Fax +82 (0)2 6499 1801
www.kongnpark.com

Simultaneously published in the USA by Kong & Park USA, Inc.
1440 Renaissance Drive, Suite 430, Park Ridge, IL 60068, USA
usaoffice@kongnpark.com
Tel +1 847 241 4845
Fax +1 312 757 5553
www.kongnpark.com

First published July 10, 2024
Printed in Korea

ISBN 978-1-63519-086-1 52995
Library of Congress Control Number: 2024940556

Publisher's Cataloging-in-Publication data

Names:	Kim, Ihnhee Lee. | Cheon, Sang Yee. | Jee, Min Jung.
Title:	THE FAMOUS PEOPLE IN KOREAN HISTORY / Ihnhee Lee Kim, Sang Yee Cheon, Min Jung Jee.
Description:	Park Ridge, IL: KONG & PARK USA, INC., 2024.
Identifiers:	LCCN 2024940556 | ISBN 9781635190861 (print)
Subjects:	LCSH: Korean language--Text Books for foreign speakers. | Korean language--Study and teaching--Foreign speakers. | Korean language--Readers. | Korea--Biography. | BISAC: Foreign Language Study / Korean. | Language Arts & Disciplines / Reading Skills. | Biography & Autobiography / Historical.
Classification:	LCC PL914.4 .F36 2024 | DDC 495.78--dc23

※ Visit the www.kongnpark.com website to download more teaching resources.

THE FAMOUS PEOPLE IN KOREAN HISTORY

(1392~1945)

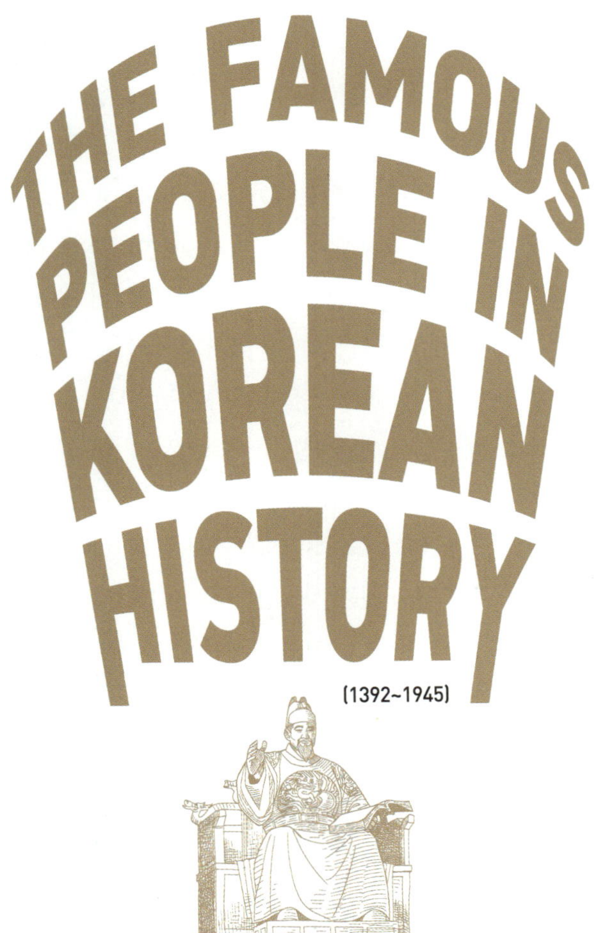

역사 인물로 배우는 한국어

Ihnhee Lee Kim · Sang Yee Cheon · Min Jung Jee

KONG & PARK

최근 케이팝(K-pop)과 케이 콘텐츠(K-contents)의 세계적 관심에 힘입어 한국어 학습의 동기와 목적이 다양해졌습니다. 취미로 한국어를 학습하는 층에서부터 학문 혹은 연구 목적 및 졸업 후 진로와 관련하여 한국어를 학습하는 층에 이르기까지 그 수 또한 눈에 띄게 증가하고 있습니다. 이는 북미와 아시아뿐 아니라 유럽·호주·뉴질랜드 등 전 세계적으로 나타나는 현상으로, 이를 통해 한국어 교육이 세계적으로 활성화되고 있음을 알 수 있습니다. 한국어 전공·부전공 학습자가 증가하고, 한국 문화와 한국 역사에 관한 관심이 상승했다는 점도 특기할 만합니다.

저자들은 20년 이상 대학에서 한국어를 교수하면서 학생들이 자신의 한국어 수준에 상관없이 한국의 역사와 문화에 많은 관심을 가진다는 사실을 알게 되었습니다. 이를 반증하듯 현재 전 세계적으로 외국어 교육에서 문화 능력(cultural competence)을 통합한 언어 교수가 강조되고 있는 추세입니다. 그런데 커리큘럼상 역사 문화 통합 수업 및 학습 교재는 부족한 상황이어서, 변화하는 학습자들의 필요를 충족시키지 못하고 있습니다. 이에 저자들은 문화 능력 중심의 외국어 교수법에 따라 학습자들의 필요 및 관심사를 아우른 교재 개발이 시급하다고 여겼습니다.

《역사 인물로 배우는 한국어》는 미국 외국어 교육 협의회(ACTFL)에서 강조하고 있는 언어적·문화적 능숙도(linguistic and cultural proficiency)를 성취하기 위한 교재로 기획되었습니다. 특히 역사를 통한 외국어 교육은 문화적 능력을 성취하는 데 필수적인 교과 과정으로 권장하고 있습니다. 따라서 ACTFL의 외국어 학습 표준(National Standards)에 부합하여 다양한 분야별 역사 인물을 제시하되, 실제 한국어 교실에서 학생들이 흥미로워하는 인물들을 선별하여 내용을 구성하였습니다.

이 책은 한국어와 한국 문화를 이해하는 데 유의미한 여러 인물들 중 한글을 만들고 지킨 인물들로 세종 대왕과 주시경을 출발점으로 삼아 언어와 문화의 상관성을 이야기하고, 성 역할에 대한 편견이 강했던 시대에 자신의 길을 걸었던 신사임당과 황진이, 위기의 나라를 구한 리더십을 발휘하면서 전쟁을 경계했던 이순신과 유성룡, 뛰어난 의술로 사회에 선한 영향력을 미친 허준과 허임, 한국 특유의 미학으로서 풍자와 해학의 세계를 그린 김홍도와 신윤복, 엄혹한 시절에도 예술가의 목소리를 꺾지 않은 나혜석과 윤동주를 각 테마와 함께 살펴보았습니다. 이 외에도 다루어야 할 인물과 다루고 싶은 테마는 많았지만, 지면의 한계상 이들 인물의 삶과 시대상 등을 살피는 데 그쳤습니다. 하지만 조선 시대부터 해방 전 한국사에 자취를 남긴 이들의 삶과 업적을 통해 오늘날 한국어와 한국 문화를 통시적으로 살피기에는 충분하다고 여겨집니다.

각 장의 학습은 읽기 전 활동으로 '생각 열기: 활동 1'과 '핵심어 탐색'을, 읽기 활동으로 '인물 이야기'와 '유용한 표현'을, 읽기 후(마무리) 활동으로 '확인 문제'와 '활동 2~3'을 제시하여 3가지 의사소통 영역, 즉 상호 의사소통(interpersonal communication)·이해(interpretive communication)·발표(presentational communication)를 실현할 수 있습니다. 이때 각 장의 활동은 한국사의 지식에 머무르지 않고 테마별로 사고를 확장, 비평적 시각으로 말하고 읽고 쓰며 발표하는 활동을 통해 비교 문화적 교수-학습을 도모하였습니다. 또 지역 사회의 문화와 가치관을 조사하거나 영화·드라마·기록물 등 미디어 자료를 접목시킨 멀티리터러시(multiliteracy) 학습으로 한국어 수업뿐 아니라 역사·예술·과학·정치 등 다양한 학문의 연구 과제로도 활용할 수 있습니다. 이 과정에서 말하기·듣기·읽기·쓰기의 4가지 언어 영역이 유기적으로 발현될 수 있습니다.

이 책이 출판되도록 1여 년간 함께해 준 공앤박 출판사의 공경용 대표님과 편집팀 여러분에게 진심으로 감사를 드립니다. 또 바쁘신 중에 교재 내 역사적 사실을 살펴 내용적 완성도를 높이는 데 큰 조언을 주시고 추천사를 써 주신 주진오 교수님께도 감사의 인사를 드립니다.

마지막으로 전 세계 한국어 학습자들이 《역사 인물로 배우는 한국어》를 통해 한국어와 한국 문화에 대한 문화적 능력을 드높임으로써, 한국어와 한국적 가치의 이해에 머무르지 않고 지역적으로 균형 있는 시각을 갖춘 세계인으로 성장하기를 기대합니다.

2024년 7월,
김인희·전상이·지민정 씀.

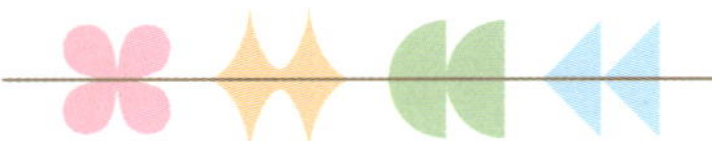

단원 Chapter	학습 목표 Learning Objectives	읽기 전 활동	
		생각 열기 Before You Read	핵심어 탐색 Keyword Study
1장 언어와 문화: 세종 대왕과 주시경 Language and Culture: King Sejong and Ju Si-gyeong	① 한글을 만들고 지켜 온 사람들의 이야기를 통해 언어와 문화 정체성에 대해 이야기할 수 있다. ② 언어 문자로 다양한 문화를 접함으로써 균형 잡힌 가치관을 가질 수 있음을 생각하고, 언어와 문화의 상관성에 대한 글을 쓸 수 있다.	• **활동 1** 현대 사회에서 문맹 퇴치 활동을 조사하고, 언어 혹은 문자의 중요성을 이야기하기	① 훈민정음 ② 집현전 ③《조선왕조실록》과《세종실록》 ④ 세종 시대 과학 발명품 ⑤《독립신문》 ⑥《말모이》 ⑦ 조선어 학회 사건 ⑧《조선말 큰사전》
2장 관습과 여성: 신사임당과 황진이 Customs and Women: Sin Saimdang and Hwang Jin-i	① 성 역할이라는 사회적 편견과 관습에 대해 살피고, 이를 극복하는 태도를 배울 수 있다. ② 현대 사회에서 보여지는 사회적 편견에 대해 떠올려 보고, 이를 극복하는 방안을 생각하여 실천할 수 있다.	• **활동 1** 성 역할에 대한 사회적 편견이나 차별의 사례를 조사하고, 이를 극복한 사례를 함께 이야기하기	① 가부장제 ② 현모양처 ③ 조선 시대의 신분 제도 ④ 기생 ⑤ 신사임당의 대표 작품 ⑥ 황진이의 대표 작품 ⑦ 조선 시대의 관습을 깬 여성들
3장 정치와 리더십: 이순신과 유성룡 Politics and Leadership: Yi Sun-sin and Yu Seong-ryong	① 공동체가 위기에 처했을 때 발현되는 리더십의 중요성을 배울 수 있다. ② 전쟁사를 통해 인류 공동의 이익을 위한 평화 유지에 이바지한 사람들의 태도를 본받을 수 있다.	• **활동 1** 세계 전쟁사에서 이름난 리더를 조사하고, 그 리더가 이름을 떨친 이유를 함께 이야기하기	① 십만양병설 ② 임진왜란의 시작과 전개 ③ 임진왜란 3대 해전: 한산도 대첩, 명량 대첩, 노량 해전 ④ 판옥선과 거북선 ⑤《난중일기》와《징비록》 ⑥ 선조와 원균 ⑦ 임진왜란 후 17세기 조선
4장 의술과 사회: 허준과 허임 Medicine and Society: Heo Jun and Heo Im	① 현실적 제약을 뛰어넘어 사회에 공헌한 역사 인물에 대한 글을 이해하고, 개인이 끼치는 사회적 영향을 고찰하여 자신의 삶을 성찰하는 글을 쓸 수 있다. ② 인류를 위한 의학 발전상을 조사하고, 앞으로 어떤 노력이 더 필요한지 사고할 수 있다.	• **활동 1** 세계 역사상 전 지구적 질병으로부터 인류를 구한 사례를 조사하고, 공공 의료 시스템의 중요성을 이야기하기	① 한의학과 그 특징 ② 조선 시대 국가 의료 체계 ③ 광해군 ④ 처첩제와 적서 차별 ⑤《동의보감》 ⑥《침구경험방》
5장 풍속과 미학: 김홍도와 신윤복 Lifestyles and Aesthetics: Kim Hong-do and Sin Yun-bok	① 김홍도와 신윤복으로 대표되는 한국 조선 시대의 풍속화를 감상하고 시대상을 짐작할 수 있다. ② 이들의 그림에 나타난 미학으로서 풍자와 해학을 이해하고, 오늘날 예술을 통해 현대 사회를 이해할 수 있다.	• **활동 1** 풍속화를 조사하고 시대에 끼친 영향을 이야기하기	① 조선 시대 유교와 실학사상 ② 조선 시대 왕의 계보 ③ 영조와 정조 ④ 도화서와 화원 ⑤《단원 풍속도첩》 ⑥《혜원 전신첩》
6장 시대와 예술: 나혜석과 윤동주 Times and Art: Na Hye-seok and Yun Dong-ju	① 시대에 타협하지 않았던 예술가들의 선구자적 삶을 살피고, 그들의 예술을 이해할 수 있다. ② 역사를 거슬러 현재까지 사랑받는 예술 작품을 조사하고, 그에 대한 예술적 가치를 이야기할 수 있다.	• **활동 1** 시대에 따라 달리 평가받는 예술가를 조사하여 이야기하기	① 개화기의 신여성 ②〈이혼 고백서〉 ③ 민족 말살 정책 ④ 저항 문학 ⑤《하늘과 바람과 별과 시》 ⑥ 윤동주의 대표 작품〈서시〉

<table>
<tr><td colspan="2" align="center">읽기 활동</td><td align="center">읽기 후 활동</td></tr>
<tr><td align="center">인물 이야기 People in History</td><td align="center">유용한 표현 Useful Expressions</td><td align="center">마무리 활동 After You Read</td></tr>
<tr>
<td>1 세종 대왕의 삶과 업적을 읽고 이해하기
2 주시경의 삶과 업적을 읽고 이해하기
3 한글을 만든 이와 지킴이로서 두 사람의 삶과 업적을 비교하여 이해하기
└ 디지털로 만나는 세종 대왕과 한글</td>
<td>V + 기 위해(서)
N + (으)로 인한
N + 와/과 아울러
V + 다시피 하다</td>
<td>• 확인 문제
• 활동 2 언어와 문화 이해의 관계에 대한 에세이 쓰기
• 활동 3 지역 사회에서 고유의 언어와 문화 보존의 일화를 조사하여 발표하기</td>
</tr>
<tr>
<td>1 신사임당의 삶과 업적을 읽고 이해하기
2 황진이의 삶과 업적을 읽고 이해하기
3 편견에 맞선 여성 예술가로서 두 사람의 삶과 업적을 비교하여 이해하기
└ 신사임당과 황진이의 작품 둘러보기</td>
<td>N + 에 따라
N에 비할 데(가) 없다
V, Adj + (으)ㄹ 만큼
N + (으)로서</td>
<td>• 확인 문제
• 활동 2 한국 지폐에 등장할 만한 여성 인물을 떠올려 주장하는 글쓰기
• 활동 3 지역 사회에서 성 역할에 대한 편견에 맞선 인물과 극복 방안을 조사하여 발표하기</td>
</tr>
<tr>
<td>1 이순신의 삶과 업적을 읽고 이해하기
2 유성룡의 삶과 업적을 읽고 이해하기
3 위기에서 나라를 구한 리더로서 두 사람의 삶과 업적을 비교하여 이해하기
└ 임진왜란을 승리로 이끈 조선의 무기들</td>
<td>V + 는 바람에
N + 에도 불구하고 //
  V, Adj + (으)ㄴ/는데도 불구하고
V + 는 한
V, Adj + 듯이</td>
<td>• 확인 문제
• 활동 2 오늘날 이순신에 대한 세계적 평가를 조사하고 인물에 대한 글쓰기
• 활동 3 지역 사회에서 갈등이나 분쟁·전쟁의 기록 및 극복 방안을 조사하여 발표하기</td>
</tr>
<tr>
<td>1 허준의 삶과 업적을 읽고 이해하기
2 허임의 삶과 업적을 읽고 이해하기
3 한의학을 정립한 조선의 명의로서 두 사람의 삶과 업적을 비교하여 이해하기
└ 서양 의학과 나란한 한의학</td>
<td>V, Adj + (으)ㄴ 채(로)
이름을 떨치다
N + 을/를 겸하다
어깨너머로 (N + 을/를) 배우다</td>
<td>• 확인 문제
• 활동 2 허준과 허임의 삶을 살펴 개인이 끼치는 사회적 영향력을 고찰하는 에세이 쓰기
• 활동 3 지역 사회 역사상 현대적 질병에 대처하는 공공 의료 시스템의 현재와 개선점을 조사하여 발표하기</td>
</tr>
<tr>
<td>1 김홍도의 삶과 업적을 읽고 이해하기
2 신윤복의 삶과 업적을 읽고 이해하기
3 조선을 그린 풍속 화가로서 두 사람의 삶과 업적을 비교하여 이해하기
└ 그림으로 보는 조선 시대 사람들</td>
<td>N + 와/과 달리
N + 와/과 마찬가지로
V + 는 데 역할을 하다
V + 는 동시에</td>
<td>• 확인 문제
• 활동 2 해학과 풍자라는 관점에서 풍속화를 감상하고 기사 형식 글쓰기
• 활동 3 지역 사회의 전시회를 관람하고 오늘날 예술의 특징을 조사하여 발표하기</td>
</tr>
<tr>
<td>1 나혜석의 삶과 업적을 읽고 이해하기
2 윤동주의 삶과 업적을 읽고 이해하기
3 일제 강점기의 고뇌하는 예술가로서 두 사람의 삶과 업적을 비교하여 이해하기
└ 고통 속에서도 아름다운 작품을 남긴 예술가들</td>
<td>V + (으)ㄹ 만하다
N + 을/를 중시하다
N + 에 반하다
N + 의 입장을 옹호하다</td>
<td>• 확인 문제
• 활동 2 나혜석과 윤동주의 작품을 감상한 후 설명하는 글쓰기
• 활동 3 지역 사회를 대표하는 예술가의 삶과 작품을 조사하여 발표하기</td>
</tr>
</table>

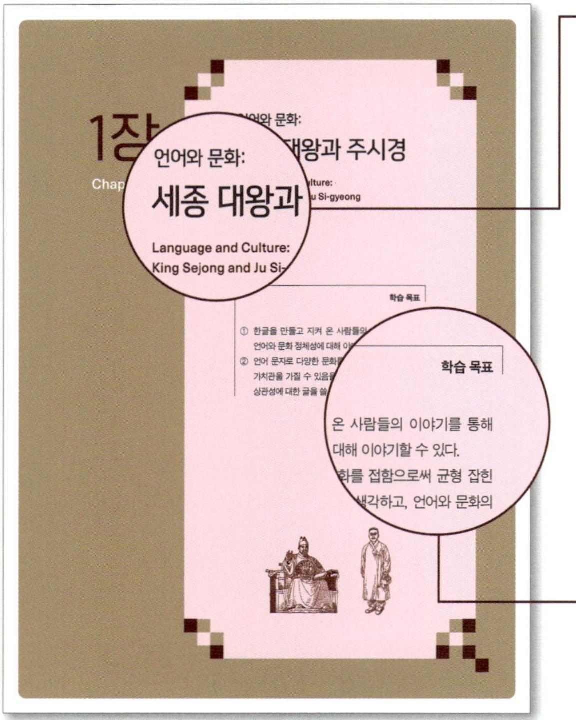

각 장은 한국의 역사적 인물들을 테마별로 소개합니다. 주로 한국의 조선 시대에서 해방 전 한국사에 자취를 남긴 인물들의 삶과 업적을 통해 오늘날 한국어와 한국 문화를 통시적으로 살필 수 있습니다. 각 장의 활동은 ACTFL의 5Cs(의사소통·문화·비교·지역 사회·연계)에 도달하는 것을 목표합니다.

Each chapter is focused on a specific theme and examines Korean history and culture from the Joseon Dynasty to the liberation period by introducing key historical figures. Each theme is composed of various historical events and cultures, and the activities in the textbook focus on promoting proficiency of ACTFL(American Council on the Teaching of Foreign Languages)'s 5Cs(Communication, Cultures, Comparisons, Communities, and Connections).

각 장의 학습 목표를 알려 줍니다.

It informs students of the learning objectives for each chapter.

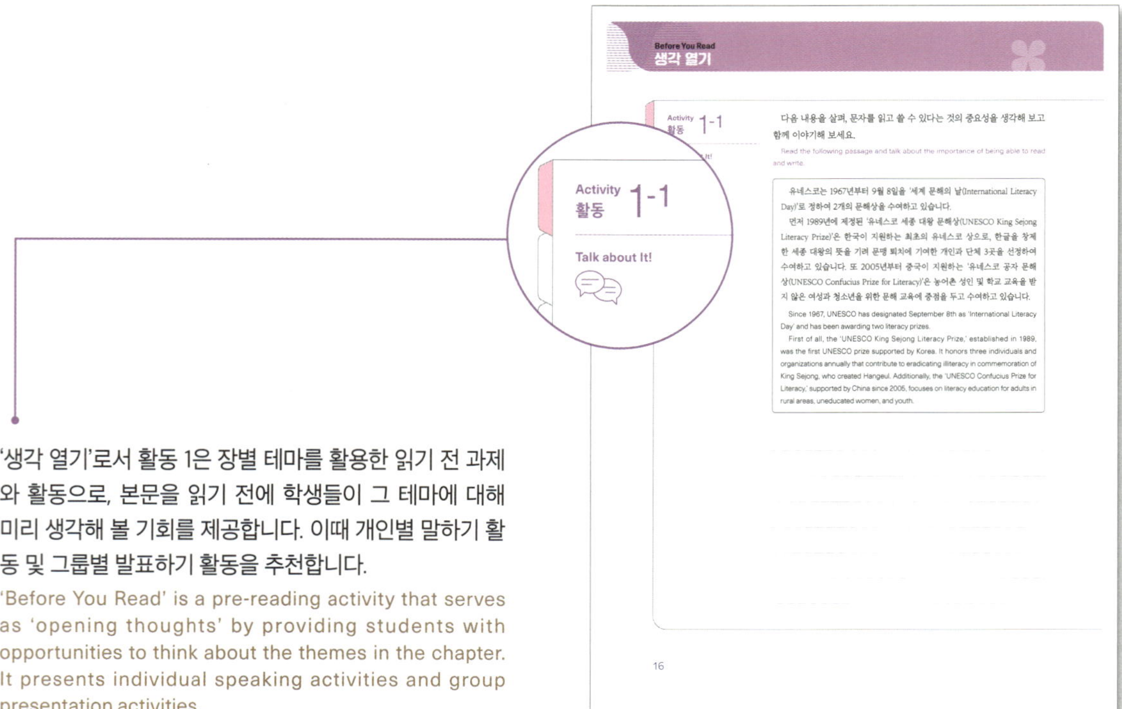

'생각 열기'로서 활동 1은 장별 테마를 활용한 읽기 전 과제와 활동으로, 본문을 읽기 전에 학생들이 그 테마에 대해 미리 생각해 볼 기회를 제공합니다. 이때 개인별 말하기 활동 및 그룹별 발표하기 활동을 추천합니다.

'Before You Read' is a pre-reading activity that serves as 'opening thoughts' by providing students with opportunities to think about the themes in the chapter. It presents individual speaking activities and group presentation activities.

'핵심어 탐색'은 읽기 활동으로서 '인물 이야기'를 이해하는 데 꼭 알아야 할 배경지식을 각 장별 6~8개씩 뽑아 설명합니다. 이때 핵심어를 정확하게 이해하고 '인물 이야기'를 파악하는 길잡이로 역할하도록 국문과 영문 설명을 함께 수록하였습니다.

'Keyword Study' selects and explains 6 to 8 pieces of background information for each chapter essential for understanding the text. Each explanation is included in both Korean and English to comprehend both meanings and text more accurately. The goal here is to check whether students have obtained a detailed understanding of the keywords despite the different nuances between languages.

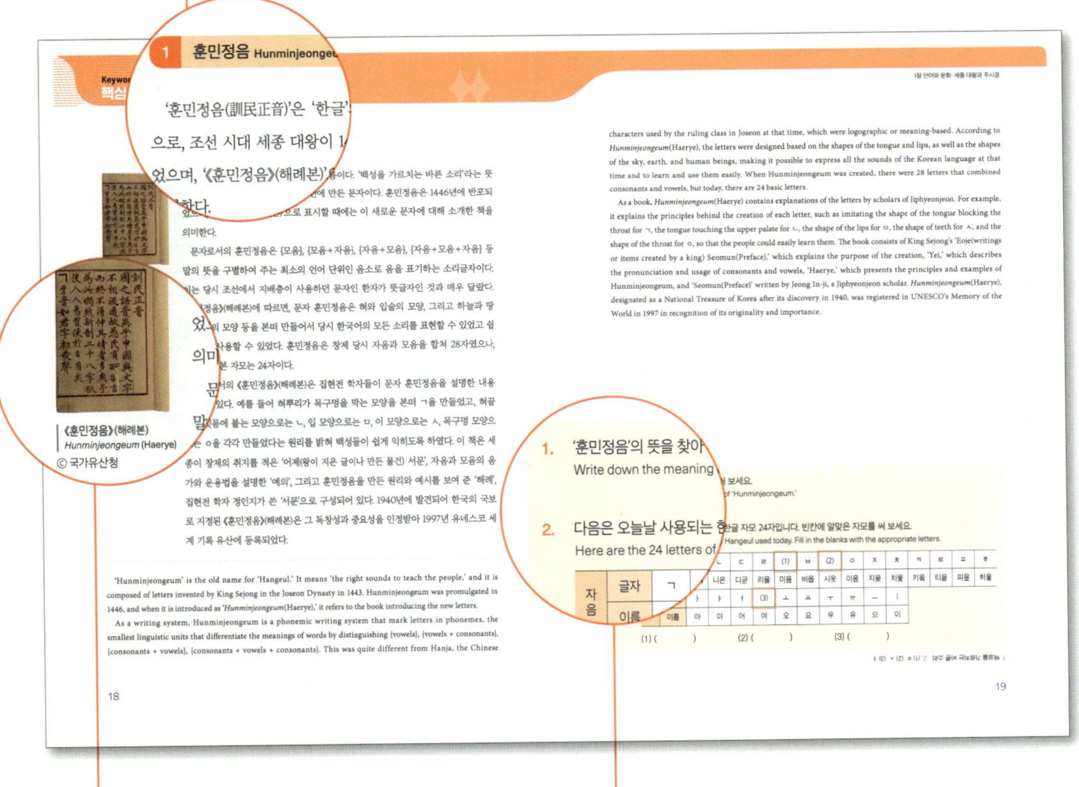

핵심어 설명의 이해를 돕기 위해 그림 자료를 제공했습니다.

Visual resources such as photos, pictures, or charts are provided to help students understand the keyword.

문제를 통해 학생들이 핵심어를 정확하게 이해했는지 점검합니다.

These tasks or questions check whether students understand the keyword accurately.

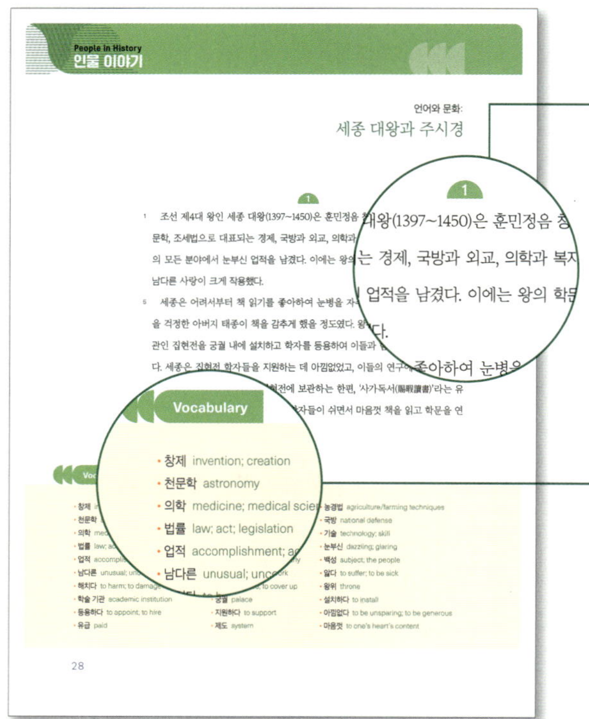

읽기 활동으로서 '인물 이야기'는 한 번에 읽기 쉬운 분량으로 각각 3개의 소단원으로 나누었습니다.

'People in History' section as a main reading activity is divided into three sub-sections for easy reading.

내용을 잘 파악할 수 있도록 중·고급 어휘들을 선별하여 국문과 영문을 함께 제시합니다. 이때 중·고급 한국어 어휘 선별은 '국제 통용 한국어 표준 교육과정'을 기준합니다.

In 'Vocabulary,' words of intermediate and advanced levels are presented in Korean and English to help understand the text. These words are selected based on the 'Internationally Used Korean Standard Curriculum.'

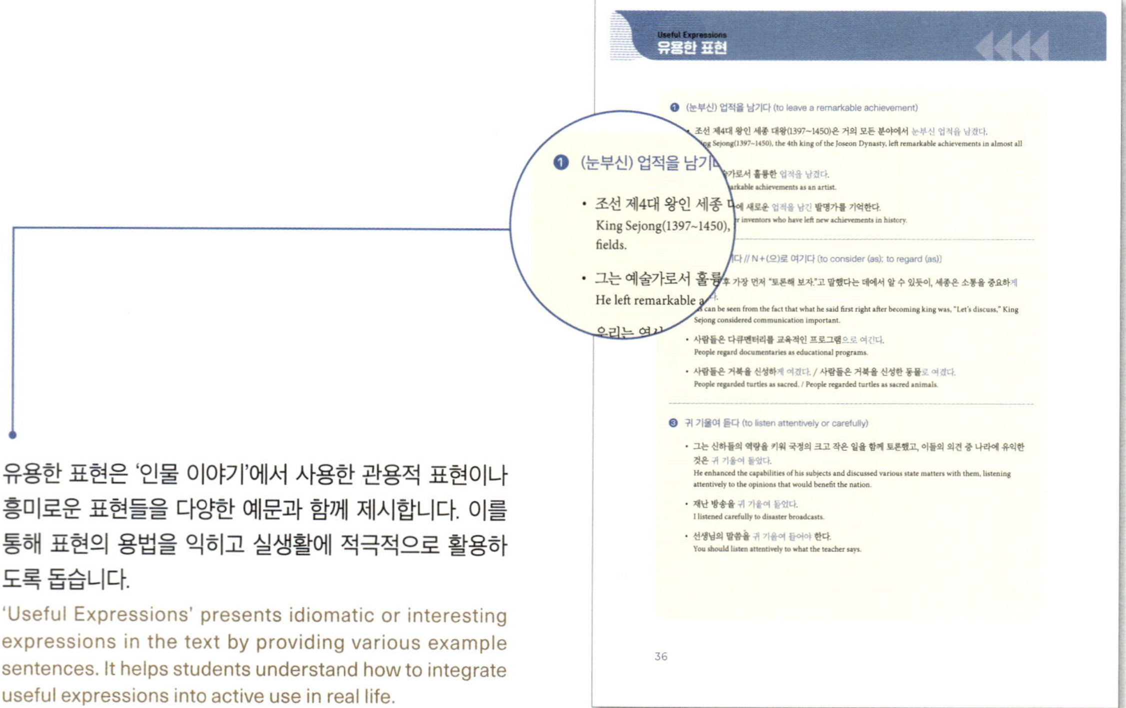

유용한 표현은 '인물 이야기'에서 사용한 관용적 표현이나 흥미로운 표현들을 다양한 예문과 함께 제시합니다. 이를 통해 표현의 용법을 익히고 실생활에 적극적으로 활용하도록 돕습니다.

'Useful Expressions' presents idiomatic or interesting expressions in the text by providing various example sentences. It helps students understand how to integrate useful expressions into active use in real life.

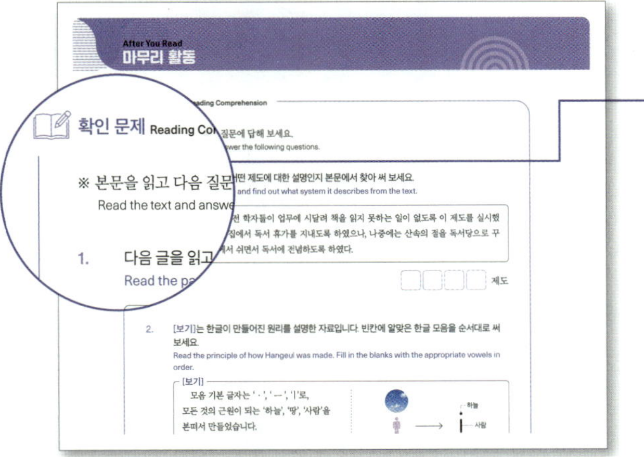

'인물 이야기'를 읽고 내용을 잘 이해했는지 확인 문제를 통해 살펴봅니다. 질문을 읽고 답하는 과정에서 내용을 복습하고, 사실 이해를 뛰어넘어 비교 문화적 성찰로 나아갈 수 있습니다.

The Reading Comprehension section checks how well students understand the main text. By reading and answering questions, students actively review the text's content and can move beyond factual understanding to comparative cultural reflection.

활동 2는 장별 소개한 인물들에 관한 영화·드라마·기록물·역사 문화 콘텐츠 등 미디어 자료들을 접목하여 멀티리터러시(multiliteracy)를 꾀합니다. 이는 한국어 수업뿐 아니라 역사·예술·과학·정치 등 다양한 학문의 연구 과제로도 활용할 수 있습니다.

Activity 2 promotes multiliteracy by incorporating media materials about the key figures introduced in the chapter, such as movies, dramas, records, and historical or cultural content. In addition to Korean language learning, the contents in Activity 2 can be used as research subjects in various academic fields, such as history, arts, science, and politics.

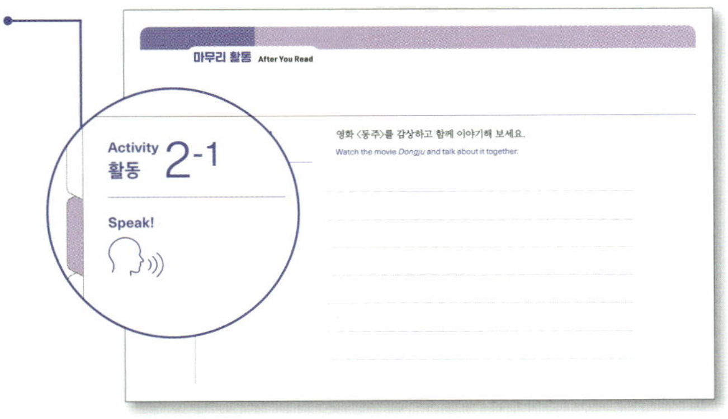

활동 3은 장별 테마를 한국사에서 지역 사회 및 세계사로, 나아가 한국 문화와 비교 문화적 관점에서 타 지역 문화를 이해할 기회를 제공합니다. 과제 및 활동에 대한 학생 각자의 의견을 쓰고 수업 시간에 다른 학생들과 짝을 지어 의견을 나눈 후 각 그룹별 의견을 정리하여 반 전체에 발표하는 말하기 활동으로 진행하길 권합니다.

Activity 3 provides an opportunity to understand other cultures by expanding the Korean history theme to communities or world history from a cross-cultural perspective. In Activity 3, students are recommended to write their own opinions on assignments and then pair up in class to share their opinions. This is followed by the speaking activity, in which each group organizes its opinions and presents them to the entire class.

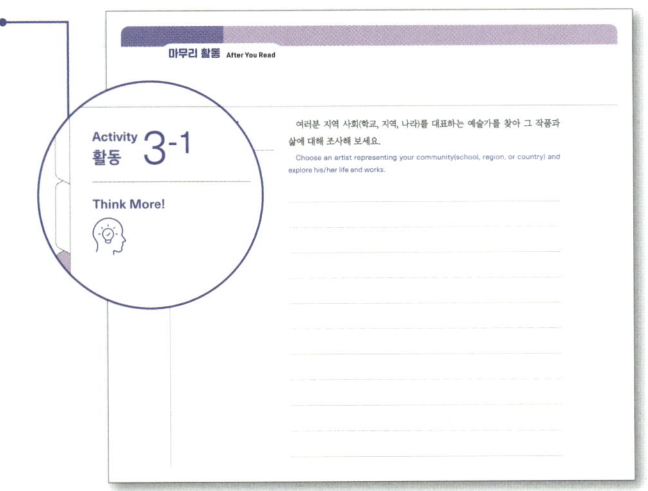

활동 2와 활동 3은 수업 전에 미리 안내하여 추가로 자료를 찾아보고 조사하는 연구 과제로 사용하기를 추천합니다.

For Activities 2 and 3, please inform students in advance that they search for more information and use the contents of these activities as research subjects later.

차례 Contents

언어와 문화:

세종 대왕과 주시경

Language and Culture:
King Sejong and Ju Si-gyeong

학습 목표

① 한글을 만들고 지켜 온 사람들의 이야기를 통해 언어와 문화 정체성에 대해 이야기할 수 있다.

② 언어 문자로 다양한 문화를 접함으로써 균형 잡힌 가치관을 가질 수 있음을 생각하고, 언어와 문화의 상관성에 대한 글을 쓸 수 있다.

다음 내용을 살펴, 문자를 읽고 쓸 수 있다는 것의 중요성을 생각해 보고 함께 이야기해 보세요.

Read the following passage and talk about the importance of being able to read and write.

유네스코는 1967년부터 9월 8일을 '세계 문해의 날(International Literacy Day)'로 정하여 2개의 문해상을 수여하고 있습니다.

먼저 1989년에 제정된 '유네스코 세종 대왕 문해상(UNESCO King Sejong Literacy Prize)'은 한국이 지원하는 최초의 유네스코 상으로, 한글을 창제한 세종 대왕의 뜻을 기려 문맹 퇴치에 기여한 개인과 단체 3곳을 선정하여 수여하고 있습니다. 또 2005년부터 중국이 지원하는 '유네스코 공자 문해상(UNESCO Confucius Prize for Literacy)'은 농어촌 성인 및 학교 교육을 받지 않은 여성과 청소년을 위한 문해 교육에 중점을 두고 수여하고 있습니다.

Since 1967, UNESCO has designated September 8th as 'International Literacy Day' and has been awarding two literacy prizes.

First of all, the 'UNESCO King Sejong Literacy Prize,' established in 1989, was the first UNESCO prize supported by Korea. It honors three individuals and organizations annually that contribute to eradicating illiteracy in commemoration of King Sejong, who created Hangeul. Additionally, the 'UNESCO Confucius Prize for Literacy,' supported by China since 2005, focuses on literacy education for adults in rural areas, uneducated women, and youth.

Activity
활동 **1-2**

Talk about It!

여러분의 나라 역사에서 혹은 세계 역사에서, 글을 읽고 쓰지 못하는 사람들에게 글을 깨우쳐 주는 '문맹 퇴치'와 관련한 일화를 찾아 함께 이야기해 보세요.

Find and talk about anecdotes related to 'eradicating illiteracy,' either from your country's history or world history, where efforts were made to teach reading and writing to those who couldn't read or write.

1 훈민정음 Hunminjeongeum

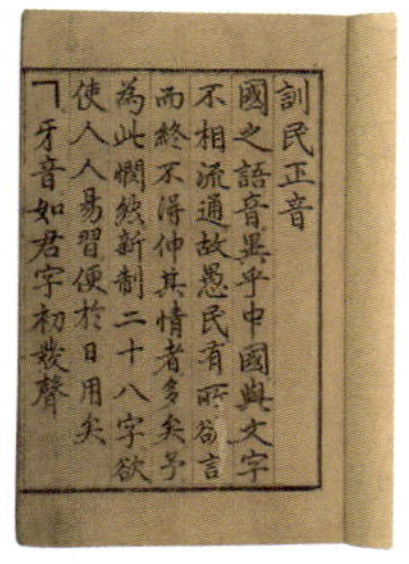

《훈민정음》(해례본)
Hunminjeongeum (Haerye)
ⓒ 국가유산청

'훈민정음(訓民正音)'은 '한글'의 옛 이름이다. '백성을 가르치는 바른 소리'라는 뜻으로, 조선 시대 세종 대왕이 1443년에 만든 문자이다. 훈민정음은 1446년에 반포되었으며, 《훈민정음》(해례본)'으로 표시할 때에는 이 새로운 문자에 대해 소개한 책을 의미한다.

문자로서의 훈민정음은 {모음}, {모음+자음}, {자음+모음}, {자음+모음+자음} 등 말의 뜻을 구별하여 주는 최소의 언어 단위인 음소로 음을 표기하는 소리글자이다. 이는 당시 조선에서 지배층이 사용하던 문자인 한자가 뜻글자인 것과 매우 달랐다. 《훈민정음》(해례본)에 따르면, 문자 훈민정음은 혀와 입술의 모양, 그리고 하늘과 땅과 사람의 모양 등을 본떠 만들어서 당시 한국어의 모든 소리를 표현할 수 있었고 쉽게 배워 사용할 수 있었다. 훈민정음은 창제 당시 자음과 모음을 합쳐 28자였으나, 오늘날 기본 자모는 24자이다.

책으로서의 《훈민정음》(해례본)은 집현전 학자들이 문자 훈민정음을 설명한 내용을 담고 있다. 예를 들어 혀뿌리가 목구멍을 막는 모양을 본떠 ㄱ을 만들었고, 혀끝이 윗잇몸에 붙는 모양으로는 ㄴ, 입 모양으로는 ㅁ, 이 모양으로는 ㅅ, 목구멍 모양으로는 ㅇ을 각각 만들었다는 원리를 밝혀 백성들이 쉽게 익히도록 하였다. 이 책은 세종이 창제의 취지를 적은 '어제(왕이 지은 글이나 만든 물건) 서문', 자음과 모음의 음가와 운용법을 설명한 '예의', 그리고 훈민정음을 만든 원리와 예시를 보여 준 '해례', 집현전 학자 정인지가 쓴 '서문'으로 구성되어 있다. 1940년에 발견되어 한국의 국보로 지정된 《훈민정음》(해례본)은 그 독창성과 중요성을 인정받아 1997년 유네스코 세계 기록 유산에 등록되었다.

'Hunminjeongeum' is the old name for 'Hangeul.' It means 'the right sounds to teach the people,' and it is composed of letters invented by King Sejong in the Joseon Dynasty in 1443. Hunminjeongeum was promulgated in 1446, and when it is introduced as '*Hunminjeongeum*(Haerye),' it refers to the book introducing the new letters.

As a writing system, Hunminjeongeum is a phonemic writing system that mark letters in phonemes, the smallest linguistic units that differentiate the meanings of words by distinguishing {vowels}, {vowels + consonants}, {consonants + vowels}, {consonants + vowels + consonants}. This was quite different from Hanja, the Chinese characters used by the ruling class in Joseon at that time, which were logographic or meaning-based. According to *Hunminjeongeum*(Haerye), the letters were designed based on the shapes of the tongue and lips, as well as the shapes of the sky, earth, and human beings, making it possible to express all the sounds of the Korean language at that time and to learn and use them easily. When Hunminjeongeum was created, there were 28 letters that combined consonants and vowels, but today, there are 24 basic letters.

As a book, *Hunminjeongeum*(Haerye) contains explanations of the letters by scholars of Jiphyeonjeon. For example, it explains the principles behind the creation of each letter, such as imitating the shape of the tongue blocking the throat for ㄱ, the tongue touching the upper palate for ㄴ, the shape of the lips for ㅁ, the shape of teeth for ㅅ, and the shape of the throat for ㅇ, so that the people could easily learn them. The book consists of King Sejong's 'Eoje(writings or items created by a king) Seomun(Preface),' which explains the purpose of the creation, 'Yei,' which describes the pronunciation and usage of consonants and vowels, 'Haerye,' which presents the principles and examples of Hunminjeongeum, and 'Seomun(Preface)' written by Jeong In-ji, a Jiphyeonjeon scholar. *Hunminjeongeum*(Haerye), designated as a National Treasure of Korea after its discovery in 1940, was registered in UNESCO's Memory of the World in 1997 in recognition of its originality and importance.

1. '훈민정음'의 뜻을 찾아 써 보세요.
Write down the meaning of 'Hunminjeongeum.'

2. 다음은 오늘날 사용되는 한글 자모 24자입니다. 빈칸에 알맞은 자모를 써 보세요.
Here are the 24 letters of Hangeul used today. Fill in the blanks with the appropriate letters.

자음	글자	ㄱ	ㄴ	ㄷ	ㄹ	(1)	ㅂ	(2)	ㅇ	ㅈ	ㅊ	ㅋ	ㅌ	ㅍ	ㅎ
	이름	기역	니은	디귿	리을	미음	비읍	시옷	이응	지읒	치읓	키읔	티읕	피읖	히읗
모음	글자	ㅏ	ㅑ	ㅓ	(3)	ㅗ	ㅛ	ㅜ	ㅠ	―	ㅣ				
	이름	아	야	어	여	오	요	우	유	으	이				

(1) (　　　　)　　　　(2) (　　　　)　　　　(3) (　　　　)

1. 백성을 가르치는 바른 소리　**2.** (1) ㅁ　(2) ㅅ　(3) ㅑ

19

2 집현전 Jiphyeonjeon

경복궁 수정전
Sujeongjeon Hall of
Gyeongbokgung Palace
과거 집현전이 있던 장소이다.
ⓒ 국가유산청

집현전(集賢殿)은 조선 건국 이후 유교 국가로서 제도 확립이 필요해지면서 세종 2년(1420)에 그 역할을 강화했다.

집현전은 학문 연구 기관으로서 도서 수집과 보관 및 이용을 담당하고, 학문 활동에 이바지하며 정인지, 박팽년, 신숙주, 성삼문 등 최고의 학자를 배출했다. 국왕의 자문도 담당했는데, 주요 관리들은 임금에게 유학의 사상과 교리를 적은 책과 역사를 가르치는 '경연'을 맡아 정책에 대해 임금과 토론을 벌이거나 향후 왕이 될 세자를 가르치는 '서연'을 맡기도 했다. 이 밖에도 집현전은 세종이 새로운 문물제도를 정비하고 방대한 양의 편찬 사업을 실행하는 등 문화를 부흥하는 데 중심적으로 역할했다.

집현전은 세종의 둘째 아들인 세조가 조카 단종을 내몰고 집권한 후, 사육신(단종을 다시 왕위에 올리려다가 처형된 6명의 신하) 대부분이 집현전 학사 출신이라 폐지되었다. 성종 때 홍문관을 설치했지만, 집현전의 역할 중 언론 기능만 되살린 데 그쳤다.

After the establishment of Joseon, Jiphyeonjeon strengthened its role in the need to establish a system as a Confucian country in the second year of King Sejong's reign(1420).

Jiphyeonjeon served as an academic research institution responsible for collecting, preserving, and utilizing books, and produced top scholars such as Jeong In-ji, Park Paeng-nyeon, Sin Suk-ju, and Seong Sam-mun. It also served as an advisory organization to the king, with key officials responsible for advising him. They were in charge of 'Gyeongyeon,' which involved teaching the king books on Confucian thoughts and principles, as well as history, and they debated policies with the king. They were also responsible for 'Seoyeon,' which involved teaching the crown prince, who would become the future king. Furthermore, Jiphyeonjeon played a central role while King Sejong was revitalizing culture, which included reorganizing the new cultural system and carrying out extensive compilation projects.

After King Sejo, the second son of King Sejong, drove out his nephew Danjong and seized power, he abolished Jiphyeonjeon because Sayuksin(six dead subjects who were executed for trying to recrown Danjong) were from Jiphyeonjeon. During the reign of King Seongjong, Hongmungwan was established, but it only revived the role of the media function of Jiphyeonjeon.

1. 세종 때 집현전은 어떤 기능을 했는지 찾아 써 보세요.
Write down the functions of Jiphyeonjeon during the reign of King Sejong.

1. 도서의 수집과 보관 및 이용, 학문 연구 및 활동, 국왕의 자문, 경연과 서연 등의 기능을 담당하였다.

3 《조선왕조실록》과 《세종실록》 *Joseon Wangjo Sillok* and *Sejong Sillok*

《조선왕조실록》은 제1대 왕인 태조 이성계가 조선을 건국한 1392년부터 철종 집권 시기인 1863년까지(5장 153쪽 '조선 시대 왕의 계보' 참고), 25대에 걸쳐 472년 동안 왕조의 역사적 사실을 순서대로 기록한 역사서이다. 총 1,893권 888책이라는, 인류 역사상 단일 왕조 역사서로서 가장 방대한 분량의 책으로 1997년 유네스코 세계 기록 유산에 등록되었다. 공정성과 객관성을 지키기 위하여 왕이 죽은 후에 작성된 이 책은 어떤 임금도 살아생전 자신에 대한 기록을 볼 수 없었다. 이로써 사관들은 독립성과 비밀성을 보장받아 왜곡 없이 집필할 수 있었다. 완성된 《조선왕조실록》은 여러 부수를 인쇄하여 서울뿐만 아니라 청주, 성주, 전주 등 모두 4곳에 보관하였기 때문에 전쟁이나 화재를 겪으면서도 온전히 보존될 수 있었다. 이 책의 한 부분인 《세종실록》은 제4대 왕인 세종 집권(1418~1450) 때 역사적 사실을 담았다. 이는 한국 역사상 혁신적 정책이 다방면으로 이루어진 세종 시대를 연구하는 데 중요한 자료이다.

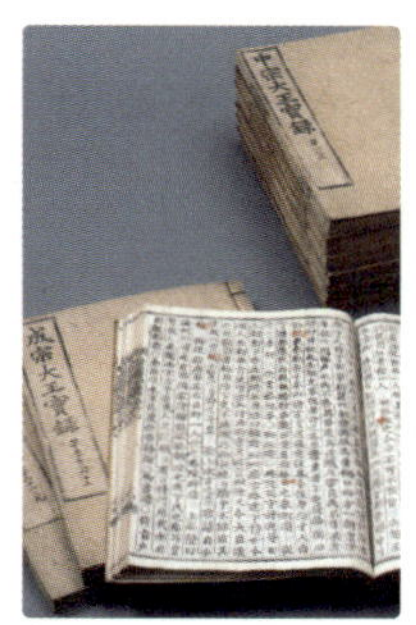

《조선왕조실록》
Joseon Wangjo Sillok
ⓒ 국가유산청

Joseon Wangjo Sillok(Annals of the Joseon Dynasty) is a historical record that chronicles the historical facts of the dynasty from its founding by King Taejo Lee Seong-gye in 1392 to the reign of King Cheoljong in 1863, spanning 25 reigns over 472 years(Chapter 5. p.153 Chronological List of the Kings of the Joseon Dynasty). With a total of 1,893 books and 888 volumes, it is the most extensive single-dynasty historical record in human history and was registered in UNESCO's Memory of the World in 1997. To maintain fairness and objectivity, this book, which was written after the death of the respective king, ensured that any king could not see records about himself during his lifetime. As a result, the officials could write without distortion because they were guaranteed independence and confidentiality. The completed *Joseon Wangjo Sillok* was printed in several copies and stored not only in Seoul but also in several locations such as Cheongju, Seongju, and Jeonju, ensuring their preservation even during wars or fires. *Sejong Sillok*(Annals of King Sejong), a part of *Joseon Wangjo Sillok*, contains a historical record of the reign of King Sejong, the 4th king of the Joseon Dynasty(1418~1450). This is an important source for studying the King Sejong's reign when innovative policies were implemented in many ways in Korean history.

1. 《조선왕조실록》이 유네스코 세계 기록 유산으로 등록된 이유를 써 보세요.
   Write down the reasons why *Joseon Wangjo Sillok* was registered in UNESCO's Memory of the World.

1. 단일 왕조 역사서로서 가장 방대한 분량의 책으로, 공정성과 객관성을 지켜 사관이 왜곡 없이 집필하였고 온전히 보존되었기 때문이다.

| 자격루 Clepsydra
ⓒ 국가유산청

4 세종 시대 과학 발명품 Scientific Inventions during King Sejong's Reign

손목시계가 없던 과거 한국에서는 나라에서 표준 시간을 그때그때 알려 주었는데, 삼국 시대부터 물의 증감을 이용해 시간을 재는 물시계를 국가 표준 시계로 사용했다. 당시에는 물을 넣은 항아리에 작은 구멍을 뚫어 떨어지는 물방울을 다른 항아리에 받은 후, 하루 동안 흘러 들어간 물의 깊이를 12등분하여 시간의 흐름을 직접 재었다. 이는 정확하지도 않고 불편하기도 하여, 세종 때 이르러 자동으로 작동하는 물시계인 자격루(自擊漏)를 처음 만들게 되었다.

세종 16년(1434)에 장영실 등이 제작한 자격루는 물받이 항아리에서 원기둥으로 흘러간 물이 일정량 차올라 그 속의 막대가 떠오르면, 그로 인해 굴러떨어진 쇠구슬이 종과 북과 징을 울리는 원리로 작동했다. 같은 해에 이들은 세계 유일한 오목형 해시계인 앙부일구(仰釜日晷)도 만들었다. 가마솥처럼 오목한 시계판이 하늘을 우러르고 있어서 붙여진 이름대로 앙부일구는 둥근 지구 모양을 표현하고 있으며, 솥 모양의 그릇 안쪽에 24절기(한국에서 1년을 24로 나누어 계절을 따지는 표준 단위)를 나타내는 눈금이 새겨져 있다. 앙부일구는 그릇 안쪽에 북극을 가리키는 바늘이 있는데, 이 바늘의 그림자가 표시하는 눈금에 따라 하루의 시각을 알 수 있도록 만들어 궁의 안팎에 설치해 한국 최초의 공동(共同) 시계로 사용하였다. 이렇듯 세종 시대 과학 발명품을 제작하는 데 큰 공을 세운 장영실은 관(官)의 노비에서 무관으로 신분이 상승되었다.

한편, 세종 23년(1441)에 만들어진 측우기(測雨器)는 조선 시대에 공식적으로 강우량을 측정하던 기구로, 세계 최초로 발명되었다. 금속의 원통 모양 그릇에 받아진 빗물의 깊이를 표준화된 눈금자로 측정하던 측우기는 당시 한반도 전역에 보급되었으며, 농업이 중심이던 조선 시대 내내 활용되었다. 현재까지 전해지는 측우기는 1837년에 제작되어 충청 지역 감독 관청이었던 공주 감영에 설치된 '공주 충청 감영 측우기'가 유일하며, 이는 국보로 지정되었다.

In the past, when wristwatches were not available in Korea, the standard time was announced by the government as needed. Since the Three Kingdoms period, water clocks, which measured time using the increase and decrease of water, were used as the national standard timepieces. At that time, water was poured into a jar with a small hole, and the dripping water was collected in another jar. Then, the depth of the water flowing into the jar was divided into 12 parts to directly measure the passage of time. However, this method was neither accurate nor convenient. Therefore, during King Sejong's reign, the first automatic water clock or clepsydra called Jagyeongnu was invented.

In the 16th year of King Sejong's reign(1434), Jagyeongnu, developed by Jang Yeong-sil and others, operated on the principle that when the water in the receiving jar rose to a certain level due to the flow of water from the water jar, a floating rod inside caused a iron bead to roll down, striking a bell, drum, or gong. In the same year, they also created Angbuilgu, or Hemispherical Sundial, the world's only sundial in the shape of a concave vessel. With a concave clock face resembling a cauldron reaching towards the sky, Angbuilgu, as its name suggests, represents the round shape of the Earth. Inside the cauldron-shaped vessel, markings indicating the 24 divisions of the year(the standard unit used in Korea to divide the year into 24 and determine the seasons) are engraved. Angbuilgu has a needle pointing to the North Pole inside the vessel. By following the shadow cast by this needle on the markings, people could tell the time of the day. Installed both inside and outside the palace, Angbuilgu was used as Korea's first public clock. Jang Yeong-sil, who played a significant role in creating scientific inventions during the reign of King Sejong was promoted from a servant in the government to an official due to his great contributions.

Meanwhile, Cheugugi created in the 23rd year of King Sejong's reign(1441), was an instrument officially used to measure rainfall during the Joseon Dynasty, and it was the world's first invention of its kind. Cheugugi, which measured the depth of collected rainwater in a cylindrical metal vessel using a standardized scale, was widely distributed throughout the Korean Peninsula at the time and was used extensively during the agriculture-centered Joseon Dynasty. The only surviving Cheugugi known to date is the 'Gongju Chungcheong Gamyeong Cheugugi' made in 1837 and installed in Gongju Gamyeong, a supervisory government office in the Chungcheong regions, and it was designated as a National Treasure of Korea.

양부일구
Hemispherical Sundial
ⓒ 국립민속박물관

---

1. 세종 때 만들어진 물시계와 해시계의 이름을 찾아 순서대로 써 보세요.
   Write down the names of the water clock and sundial created during the reign of King Sejong in order.

2. 세계 최초로 한국에서 만들어진, 강우량을 재는 기구의 이름을 찾아 써 보세요.
   Write down the name of the first instrument in the world made in Korea to measure rainfall.

5 《독립신문》 *Dongnip Sinmum*

《독립신문》
Dongnip Sinmun
ⓒ 국가유산청

《독립신문》은 1896년 서재필 등이 조선 정부의 지원을 받아 발행한 한국 최초의 민간 신문이다. 국민을 계몽할 목적으로 창간한 한글 신문으로, 순한글 3면에 영문 1면을 함께 실어 주 3회 발행하다가 1898년 7월부터 일간지로 바뀌었다. 《독립신문》은 순한글에 띄어쓰기까지 적용하여 일반 국민들이 쉽게 읽을 수 있었는데, 여기에는 독립신문사에서 일하며 한글판의 편집을 담당했던 주시경의 힘이 컸다. 《독립신문》은 서양 문명을 소개하거나 자주독립과 교육 진흥 및 법치주의와 관련된 논설을 싣는 등 개화에 대한 여론을 형성하는 데에도 크게 역할했다. 이 신문의 비판 정신은 후일 한국 언론의 전통으로 계승되었고, 과감한 한글 전용 및 최초로 시도한 띄어쓰기는 한국어사에서도 획기적 업적으로 남았다. 현재 한국에서는 《독립신문》이 창간된 4월 7일을 '신문의 날'로 기념하고 있다.

Dongnip Sinmum(The Independent) is the first commercial newspaper in Korea, published in 1896 by Seo Jaepil and others with the support of the Empire of Korea. With the aim of enlightening the people, it was published three times a week, with three pages in pure Korean and one page in English. Later, in July 1898, it became a daily newspaper. *Dongnip Sinmum* applied spacing in pure Korean, making it easy for the general public to read. This was greatly influenced by the efforts of Ju Si-gyeong, who worked at the *Dongnip Sinmun* Newspaper and was in charge of editing the Korean edition. *Dongnip Sinmum* played a significant role in shaping public opinion on enlightenment by introducing Western civilization and publishing editorials related to independence, the promotion of education, and the rule of law. The critical spirit of this newspaper has been passed down to the tradition of Korean journalism, and its brave use of Korean-only and its first attempt at spacing remain ground-breaking achievements in Korean language history. Now, April 7, the day *Dongnip Sinmum* was founded, is commemorated as 'Newspaper Day' in Korea.

1. 한국 최초로 발행된 한글 신문의 이름을 써 보세요.
   Write down the name of the first Korean newspaper ever published in Hangeul.

1. 《독립신문》

6 《말모이》 *Malmoi*

《말모이》는 '말을 모아 만든 것'이라는 의미로, 한국 고전을 펴내던 단체인 조선 광문회에서 주시경과 그의 제자인 김두봉 등이 민족주의적 애국 계몽의 수단으로써 한국 최초로 시도한 한국어 사전이다. 1911년부터 자료를 모아 책을 만들던 중에 1914년 주시경이 세상을 떠나고 《말모이》 편찬의 바탕이 되는 문법 책으로 《조선말본》을 만들었던 김두봉마저 1919년에 상하이로 망명하면서 《말모이》는 거의 완성 단계에서 중단되어 결국 책으로 발간되지는 못하였다.

240자 청색 원고지에 붓으로 쓴 153면의 원고로만 남은 《말모이》는 현재 첫째 권으로 보이는 'ㄱ'부터 '걀죽'까지의 표제어가 포함된 1권만이 남아 있다. 책의 이름은 'ㅁㅏㄹㅁㅗㅇㅣ'로 가로 풀어쓰기로 되어 있으며, 〈알기〉, 〈본문〉, 〈찾기〉, 〈자획 찾기〉의 4부분으로 구성되어 있다.

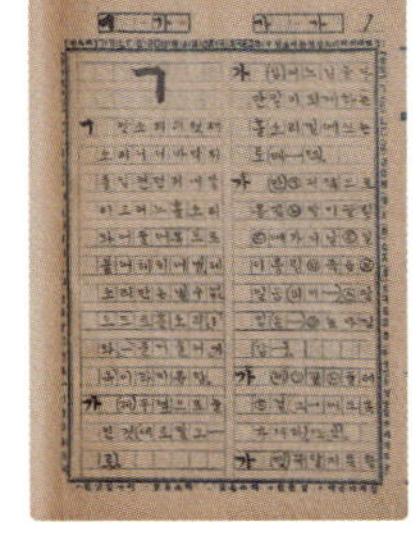

《말모이》 원고(1914년경)
Manuscript of *Malmoi*
ⓒ 국립한글박물관

Malmoi(The First Korean Dictionary) means 'a collection of words,' and it was the first attempt at creating a Korean dictionary as a means of nationalistic and patriotic enlightenment by Ju Si-gyeong and his disciples such as Kim Du-bong in Joseon Gwangmunhoe, a group that published Korean classics. In 1911, they began gathering materials to create the book. However, in 1914, Ju Si-gyeong passed away, and Kim Du-bong, who had been compiling the grammar book *Joseonmalbon*, the basis of *Malmoi*, went into exile in Shanghai in 1919. As a result, *Malmoi* remained unfinished and was never published as a book.

Only the manuscript, consisting of 153 pages written with a brush on 240-character blue manuscript paper, remains and it contains only the first volume, with headings from 'Gieok' to 'Gyaljuk.' The title is written horizontally as 'ㅁㅏㄹㅁㅗㅇㅣ,' and it is divided into four parts: *Al-gi*(to know), *Bonmun*(main text), *Chat-gi*(to find), and *Jahoek Chat-gi*(to find strokes).

1. 《말모이》 편찬을 주도했던 연구 단체의 이름을 써 보세요.
   Write down the name of the research group that led the compilation of *Malmoi*.

2. 《말모이》의 자료사적 의의를 써 보세요.
   Write about the historical significance of *Malmoi*.

1. 조선 광문회. 2. 한국 최초로 시도한 한국어 사전이다.

7 조선어 학회 사건 Joseoneohakhoe Incident

조선어 학회 사건은 일제 강점기인 1942년 일제가 조선어 학회 회원 및 관련 인물을 검거해 재판에 넘긴 사건이다. 일제는 당시 조선어를 연구하던 학자들이 민족의식을 고취한다고 판단하여 조선어 학회를 강제 해산시키고자 하였다.

1940년대 일제는 조선에서의 식민 통치를 강화하며 일본어를 사용하도록 했는데, 함흥 지역의 한 학생이 한국어를 사용하여 일본 경찰의 조사를 받다가 조선어 학회에서 사전 편찬을 하던 국어학자 정태진의 존재가 드러났다. 일제는 그를 고문하여 거짓 자백을 받아 국어학자 33인을 내란죄로 검거하였다. 이 중 16명이 기소되었고, 이윤재와 한징은 감옥에서 사망하였으며, 이극로·최현배·이희승·정인승은 실형을 살다가 해방 후 석방되었다. 이 사건으로 강제 해산된 조선어 학회는 조직을 정비한 뒤 1949년 '한글 학회'로 이름을 바꾸었다. 오늘날 한글 학회는 한글 문화의 발전을 위한 연구와 사전 편찬 등을 계속하며 조선어 학회의 정신을 이어 가고 있다.

The Joseoneohakhoe Incident(Korean Language Society incident), which occurred in 1942 during the Japanese colonial period, was a case where the Japanese authorities arrested the members and related individuals of Joseoneohakhoe(Korean Language Society) and put them on trial. At that time, the Japanese authorities deemed that scholars studying the Korean language were arousing national consciousness, so they sought to forcibly break up Joseoneohakhoe.

In the 1940s, during its colonial rule of Korea, Japan intensified its control, promoting the use of Japanese. When a student in the Hamheung region was interrogated by Japanese police for using Korean, it was revealed that the linguist Jeong Tae-jin, who was working on compiling a dictionary at Joseoneohakhoe, existed. The Japanese authorities extracted a false confession by torturing him, leading to the arrest of 33 linguists on charges of rebellion. Sixteen of them were prosecuted, and Lee Yun-jae and Han Jing died in prison, while Lee Geuk-ro, Choi Hyeon-bae, and Lee Hui-seung were released after liberation during their service of sentences. Joseoneohakhoe, which had been forcibly broken up due to this incident, reorganized and changed its name to the 'Hangeul Society' in 1949. Today, the Hangeul Society continues the spirit of Joseoneohakhoe by continuing research and dictionary compilation for the advancement of Hangeul culture.

1. 조선어 학회 사건이 무엇인지 찾아 써 보세요.
Write about the Joseoneohakhoe Incident.

1. 일제 강점기에 국어학자들을 내란죄로 검거한 사건이다.

8 《조선말 큰사전》 *Joseon Mal Keun Sajeon*

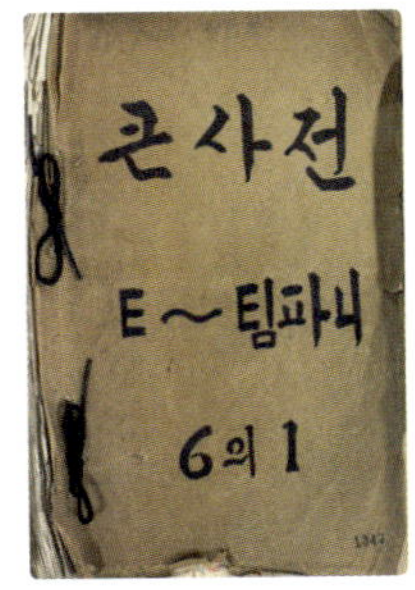

《조선말 큰사전》 원고
Manuscript of *Joseon Mal Keun Sajeon*
ⓒ 국가유산청

《조선말 큰사전》은 조선어 학회에서 만든 한국어 사전이다. 조선어 학회는 1929년 조선어 사전 편찬회를 조직하여 사전을 만들기 시작했고, 1957년에 총 6권으로 이를 완성하였다. 조선어 학회는 1942년에 조선어 학회 사건으로 국어학자 33인이 검거되면서 사전 편찬 작업을 중단하였다가, 해방 후인 1945년 9월 8일 경성역(현재 서울역) 조선 운송 창고에서 일본 경찰에게 압수되었던 사전 원고가 발견되면서 1947년과 1949년에 《조선말 큰사전》 1권과 2권을 각각 간행하였다. 1950년 간행한 3권부터는 《큰사전》으로 제목을 바꾸었고, 1950년 6월 25일 발발한 한국 전쟁으로 자료 유실과 물자 부족 등 어려움이 따랐으나 해외 재단의 원조로 1957년에 4권부터 6권까지 차례로 간행하였다. 16만 개 이상의 어휘를 수록한 이 사전은 일상생활 언어뿐만 아니라 각종 신문 및 소설, 역사와 지리 등 다양한 분야의 어휘들을 포함하여 백과사전과 같은 역할도 하였다.

Joseon Mal Keun Sajeon(The Comprehensive Dictionary of the Korean Language) is a Korean dictionary made by Joseoneohakhoe. Joseoneohakhoe organized the Korean Language Dictionary Compilation Committee in 1929 and began compiling the dictionary. By 1957, it was completed in a total of 6 volumes. Joseoneohakhoe suspended the dictionary compilation work in 1942 when 33 linguists were arrested in the Joseoneohakhoe Incident. However, after liberation, when the manuscript of the dictionary, which had been confiscated by the Japanese police at the Joseon Transport Warehouse at Gyeongseong Station(present Seoul Station), was discovered on September 8, 1945, the first and second volumes of *Joseon Mal Keun Sajeon* were published in 1947 and 1949, respectively. From the third volume published in 1950, the title was changed to *Keun Sajeon*(The Comprehensive Dictionary). Despite the difficulties such as data loss and material shortages caused by the outbreak of the Korean War on June 25, 1950, with the support of an overseas foundation, volumes 4 to 6 were published sequentially by 1957. This dictionary, which contained over 160,000 words, played an encyclopedia's role because it included not only everyday language but also vocabulary from various fields, such as newspapers, novels, history, and geography.

1. 《조선말 큰사전》이 간행된 의의를 써 보세요.
   Write about the significance of the publication of *Joseon Mal Keun Sajeon*.

1. 다양한 분야의 어휘들을 수록하여 백과사전과 같은 역할을 하였다.

언어와 문화:

세종 대왕과 주시경

1　　조선 제4대 왕인 세종 대왕(1397~1450)은 훈민정음 창제를 비롯하여 농경법, 천문학, 조세법으로 대표되는 경제, 국방과 외교, 의학과 복지, 과학 기술, 법률 등 거의 모든 분야에서 눈부신 업적을 남겼다. 이에는 왕의 학문적 열정과 백성을 향한 남다른 사랑이 크게 작용했다.

5　　세종은 어려서부터 책 읽기를 좋아하여 눈병을 자주 앓았는데, 건강을 해칠 것을 걱정한 아버지 태종이 책을 감추게 했을 정도였다. 왕위에 오른 세종은 학술 기관인 집현전을 궁궐 내에 설치하고 학자를 등용하여 이들과 함께 공부하기를 즐겼다. 세종은 집현전 학자들을 지원하는 데 아낌없었고, 이들의 연구에 도움을 주기 위하여 많은 책을 구입하여 집현전에 보관하는 한편, '사가독서(賜暇讀書)'라는 유

10　급 독서 휴가 제도를 만들어 집현전 학자들이 쉬면서 마음껏 책을 읽고 학문을 연

- 창제 invention; creation
- 천문학 astronomy
- 의학 medicine; medical science
- 법률 law; act; legislation
- 업적 accomplishment; achievement
- 남다른 unusual; uncommon
- 해치다 to harm; to damage
- 학술 기관 academic institution
- 등용하다 to appoint; to hire
- 유급 paid

- 비롯하다 to include
- 조세법 tax law
- 복지 welfare
- 분야 area; field
- 학문적 academic; scholarly
- 작용하다 to act; to work
- 감추다 to hide; to cover up
- 궁궐 palace
- 지원하다 to support
- 제도 system

- 농경법 agriculture/farming techniques
- 국방 national defense
- 기술 technology; skill
- 눈부신 dazzling; glaring
- 백성 subject; the people
- 앓다 to suffer; to be sick
- 왕위 throne
- 설치하다 to install
- 아낌없다 to be unsparing; to be generous
- 마음껏 to one's heart's content

구하도록 장려했다. 집현전 학자 신숙주가 새벽까지 공부하다가 잠이 든 것을 보고 자신이 입고 있던 옷을 벗어서 덮어 주었다는 일화는 학자들과 학문에 대한 세종의 애정을 보여 준다.

　왕이 된 후 가장 먼저 "토론해 보자."고 말했다는 데에서 알 수 있듯이, 세종은
15　소통을 중요하게 여겼다. 그는 신하들의 역량을 키워 국정의 크고 작은 일을 함께 토론했고, 이들의 의견 중 나라에 유익한 것은 귀 기울여 들었으며, 유능한 인재를 적극적으로 추천받았다. 신분이 낮더라도 능력이 있으면 차별 없이 등용하였는데, 자동으로 시간을 알려 주던 물시계 자격루 등을 만든 과학자 장영실이 대표적이다. 이외 지구가 태양을 도는 시간을 계산한 천문학자 이순지, 궁중 음악을 정비한
20　음악가 박연 등도 세종 집권 당시 자신의 능력을 펼쳐 문화 발전에 힘을 보탠 인물들이다.

　세종은 나라를 다스리는 내내 백성이 근본임을 강조하였다. 그는 특히 신분과 성별의 차별을 두지 않고 노인, 고아, 장애인, 임산부, 노비 등 사회의 약자들을 보살폈다. 이는 '여종이 아이를 낳으면 노비 남편에게도 30일의 휴가를 주라.', '나이 많
25　은 사람을 존경해야 효도에 대한 풍속이 두터워진다.'는 등《세종실록》의 기록으로

• 장려하다 to encourage; to promote	• 일화 anecdote	• 애정 love; affection
• 소통 communication	• 역량 capability; competence	• 국정 state affairs
• 유익한 useful; beneficial	• 귀 기울이다 to listen attentively	• 유능한 competent; able; talented
• 인재 person of talent	• 적극적으로 actively	• 차별 discrimination
• 지구 Earth	• 태양 Sun	• 궁중 royal court
• 정비하다 to organize; to align	• 보태다 to add; to supplement	• 다스리다 to rule; to control
• 강조하다 to emphasize; to stress	• 고아 orphan	• 장애인 the disabled
• 임산부 pregnant woman	• 노비 slave	• 약자 the weak
• 보살피다 to take care of	• 여종 female slave	• 효도 filial piety
• 풍속 custom	• 두터워지다 to deepen; to thicken	• 기록 record

도 짐작할 수 있다. 나아가서 세종은 그해 풍년과 흉년에 따라 세금을 조절하고, 비
옥한 땅이냐 척박한 땅이냐에 따라 세금을 내는 기준을 달리함으로써 부자는 세
금을 더 내고 가난한 사람은 세금을 덜 내는 방식으로 조세 제도를 개혁했다.

　　한편, 세종의 학문에 대한 열정과 애민 정신은 창의적인 실험으로 발현되어 농업
30 사회인 당대에 필요한 과학 기술을 발전시키는 데 크게 기여했다. 세종은 계속되
는 가뭄으로 황폐해진 농가를 일으키고 백성을 구제할 방법을 찾기 위해 농민들의
경험을 수집하여 과학 지식으로 집대성한 《농사직설》을 펴냈다. 또 가뭄으로 인
한 어려움을 극복하기 위해 세계 최초로 측우기를 만들도록 하였다. 노비 출신인
장영실을 파격적으로 선발하여 농업에 도움이 되는 과학 기구를 만들게 하고, 천
35 문학을 전문적으로 연구하는 기관을 세워 백성들의 생활과 농사에 직접적인 도움
을 주고자 하였다.

　　그중에서도 세종의 가장 큰 업적으로 꼽히는 것은 오늘날 한글이라고 부르는
훈민정음 창제이다. 당시 조선에서는 중국의 문자인 한자를 사용하였는데, 익히기
가 어려워 문자를 모르는 백성이 많았고 생활에 불편함이 컸다. 평소 이를 안타까
40 워하던 세종은 누구나 쉽게 읽고 쓸 수 있는 문자를 만들기로 결심하고 중국으로

- 짐작하다 to guess; to assume
- 흉년 year of famine
- 비옥한 fertile
- 개혁하다 to reform
- 발현되다 to be manifested
- 기여하다 to contribute; to serve
- 농가 farm house
- 집대성하다 to compile
- 선발하다 to select; to pick
- 꼽히다 to be in a ranking

- 나아가서 furthermore
- 세금 tax
- 척박한 infertile
- 창의적인 creative
- 농업 agriculture; farming
- 가뭄 drought
- 구제하다 to save; to aid
- 극복하다 to overcome
- 전문적으로 professionally
- 익히다 to learn

- 풍년 year of good crops
- 조절하다 to control; to adjust
- 달리하다 to differ from
- 실험 experiment
- 당대 (of) the time; this era/age
- 황폐해지다 to be devastated
- 지식 knowledge
- 파격적으로 unconventionally
- 직접적인 direct
- 안타까워하다 to feel sorry for

가는 사신에게 언어와 관련된 책을 가져오게 하였다. 그리고 직접 언어를 연구하여 한글을 만들었다.

그러나 최만리 같은 유학자들은 훈민정음 사용에 적극적으로 반대했다. 중국과 다른 독자적인 문자를 만들어 쓰면 여진(당시 중국 만주 지역에 살던 민족)이나 일
45 본처럼 오랑캐 나라가 될 뿐만 아니라 중국과의 관계도 나빠지며, 백성들이 쉬운 훈민정음을 씀으로써 한자를 배우지 않게 되어 당대 사회 질서를 지탱하던 유학을 제대로 알지 못하게 된다는 것이 이유였다. 이에 세종은, 통일 신라 시대에 국내 사람들이 사용하던 말을 한자의 음과 뜻을 빌려 적는 표기법인 이두로 정리했던 학자 설총을 예로 들면서, 백성들의 삶을 편안하게 하고자 훈민정음을 만든 것이라며
50 신하들의 반대를 물리쳤다. 만약 세종에게 백성들의 어려움을 덜어 주고자 하는, 백성을 사랑하는 마음이 없었다면 이러한 신하들의 강력한 저항을 이기지 못했을 것이다. 따라서 훈민정음은 세종의 애민 정신의 결정체라고 말할 수 있다.

1 　주시경(1876~1914)은 근대 초기 한글에 대한 전문적인 이론 연구와 후진 양성에 힘써 한글의 근대화와 대중화에 선구자로 역할한 국어학자이다. 그가 1912년경 중

- 사신 ambassador
- 독자적인 independent
- 질서 order
- 제대로 properly
- 표기법 orthography
- 물리치다 to defeat
- 저항 resistance
- 이론 theory
- 힘쓰다 to give one's best
- 선구자 pioneer
- 관련되다 to be related
- 오랑캐 barbarian; foreign intruder
- 지탱하다 to maintain; to support
- 통일 신라 United Silla
- 예로 들다 to give an example
- 덜다 to lessen
- 결정체 result; crystal
- 후진 later/younger generations
- 근대화 modernization
- 국어학자 Korean linguist
- 유학자 Confucian scholar; confucianist
- 나빠지다 to get worse
- 유학 Confucianism
- 음 pronunciation
- 삶 life; living
- 강력한 strong; poweful
- 초기 early
- 양성 cultivation; training; education
- 대중화 popularization
- 경 around

등학교의 한국어 교육을 위해 편찬한 교과서인 《소리갈》에서 '한글'이라는 말을 처음 사용하였다고 알려져 있으며, 자신의 이름도 '크고 맑은 샘'이라는 뜻의 '한
5 힌샘'으로 고칠 정도로 한글을 사랑한 사람이다.

주시경은 1876년 황해도에서 서당 훈장의 아들로 태어나, 12세에 큰아버지에게 양자로 입양되어 경성에서 생활했다. 그는 서당에서 한문을 배우다가 한문으로 쓴 글을 한자 소리대로 읽었을 때 알아듣지 못하던 아이들이 한글로 뜻을 알려 주면 알아듣는 것을 보고, 한글을 두고 왜 한자를 빌려 쓰는지 의문을 품게 되었다. 그
10 후 미국인 선교사가 세운 근대식 사립 학교였던 배재 학당에 다니던 그는 최초의 한글 신문인 《독립신문》 발행에 참여하면서 본격적으로 한국어 연구에 매진했다.

주시경은 배재 학당에서 배운 영어와 근대 과학을 바탕으로 한국어 문법을 체계화하는 데 앞장섰다. 또 《독립신문》에 〈국문론〉이라는 논설을 발표하여 한글 전용을 제안하고, 맞춤법 통일의 필요성 및 한글을 세로 방향이 아닌 왼쪽에서 오른
15 쪽으로 쓰자는 가로쓰기를 주장했다. 그리고 《대한 국어 문법》(1906), 《국어 문법》(1910), 《말의 소리》(1914) 등의 책을 써서 근대 문법의 기초를 마련하였다. 이 책들에 수록된 소리의 분석과 낱말의 분류는 오늘날 한국어 문법과 한글 연구의 과학적

Vocabulary

- 편찬하다 to compile; to publish
- 훈장 village school teacher
- 의문 doubt; question
- 사립 private
- 참여하다 to participate
- 문법 grammar
- 논설 editorial
- 필요성 necessity
- 마련하다 to prepare; to arrange
- 낱말 word

- 샘 spring
- 양자 adopted son
- 품다 to carry; to have
- 학당 academy; school
- 본격적으로 with full-scale
- 체계화 systematization
- 전용 only; exclusive
- 주장하다 to insist
- 수록되다 to be included
- 분류 classification; categorization

- 서당 village school
- 입양되다 to be adopted
- 근대식 modern
- 발행 publication
- 매진하다 to strive for
- 앞장서다 to lead
- 맞춤법 spelling; orthography
- 기초 foundation; basis
- 분석 analysis
- 과학적 scientific

토대가 되었다. 그는 최남선이 창설한 조선 광문회와 인연을 맺으면서 제자 김두봉
등과 《말모이》라는 한국어 사전의 편찬을 준비하는 등 근대 한국어 연구의 초석
도 마련하였다.

주시경은 한국어 연구와 아울러 국가와 민족의 발전이 말과 글에 달려 있다고
생각하여 한국어 교육과 후진 양성에도 온 힘을 쏟았다. 그는 서울의 여러 학교에
서 수많은 강의를 했는데, 1910년 대한 제국이 일제에 의해 강제로 국권을 빼앗기
자 서울에 있던 사립 학교인 보성 중학교에서 일요일마다 조선어 강습원을 열었
다. 주시경이 도맡다시피 한 이 강습소는 한글을 배우고 싶어 하는 학생이라면 누
구든지 무료로 가르쳐 주었다. 이처럼 밤낮을 가리지 않고 휴일도 없이 여러 권의
교재를 보따리에 싸서 이 학교 저 학교를 돌아다니던 주시경에게 사람들은 '주보
따리'라는 별명을 붙이기도 하였다. 무엇보다 주시경에게 한글을 배운 학생들 가
운데 한글뿐만 아니라 민족 정체성에 눈을 떠서 독립을 위한 민족 운동에 앞장선
사람이 많았다. 일제 강점기 말 조선어 학회 사건으로 감옥에 투옥된 국어학자들
중 많은 이가 그의 제자였다는 사실이 이를 말해 준다.

주시경은 일제의 감시와 탄압이 거세지면서 1914년 상하이로 망명을 결심하였

· 토대 basis; foundation	· 창설하다 to found; to establish	· 인연 relation; connection
· 맺다 to form; to establish	· 제자 pupil; student	· 초석 basis; foundation
· 아울러 and; also; as well	· 국가 nation; country	· 민족 ethnic group; race
· 달리다 to depend on	· 쏟다 to devote oneself to	· 강의 lecture
· 일제 Japanese empire	· 강제 compulsion; coercion	· 국권 national sovereignty
· 빼앗기다 to be deprived of	· 강습원 a training center/institution	· 도맡다 to take a role alone
· 밤낮 day and night	· 교재 textbook	· 보따리 pack; bundle
· 별명 nickname	· 정체성 identity	· 사건 incident
· 감옥 prison	· 투옥되다 to be imprisoned	· 감시 surveillance; observation
· 탄압 suppression	· 거세지다 to grow intense	· 망명 asylum; exile

다. 그러나 가족들과 작별 인사를 하고 가던 길에 급격한 복통을 호소하다가 38세
의 나이로 세상을 뜨고 말아, 그가 하던 연구는 제자들이 이어 가게 되었다. 일제
35 강점기에는 조선어 학회를 중심으로 한글을 지키고 발전시키는 운동을 벌였고,
1957년에는 주시경의 갑작스러운 죽음으로 중단되었던 《말모이》 편찬 사업을 계
승하여 《조선말 큰사전》이 간행되기에 이른다.

3

1   세종은 모든 백성이 쓸 수 있게 하려고 약 600년 전에 훈민정음을 만들었다.
그러나 한자를 쓰던 양반 지배층에서는 훈민정음을 상민이나 쓰는 저급한 말이라
며 '언문'이라고 하거나, 어린이나 여자가 쓰는 글로 여기어 '암글'이라고 부르면서
그 사용을 반대하기도 하였다. 개화기에 이르러서야 주시경이 한글 사용의 필요
5 성을 깨달아 한글 문법을 과학적으로 정리하였고, 일제 강점기에 그의 제자들이
목숨을 걸면서까지 한글을 지켜 내고 널리 보급하여 오늘날 누구나 한글을 자유
롭게 사용할 수 있게 되었다. 이로써 세종이 '훈민정음'이라는 몸체를 만들었다면,
주시경과 그의 제자들은 이 몸체에 영혼을 불어넣어 살아 있는 '한글'로 재탄생시
켰다고 할 수 있다.

Vocabulary

- 작별 farewell
- 갑작스러운 sudden; unexpected
- 양반 person of the noble class
- 목숨 life
- 영혼 soul; spirit
- 인정받다 to be recognized
- 매기다 to rate; to mark
- 작가 artist; writer
- 제정하다 to designate
- 문맹 퇴치 crusade against illiteracy

- 급격한 rapid
- 계승하다 to inherit; to succeed to
- 지배층 ruling class
- 보급하다 to distribute; to supply
- 불어넣다 to inspire; to enliven
- 독창성 originality
- 맨 the most
- 문해 literacy
- 대상자 candidate; recipient; subject
- 일깨우다 to awaken; to enlighten

- 호소하다 to appeal; to plead; to complain
- 간행되다 to be published
- 상민 commons; ordinary people
- 몸체 body
- 문화유산 cultural heritage
- 합리성 rationality
- 차지하다 to occupy
- 동참하다 to participate; to join
- 수여하다 to award
- 누리집 homepage

10 　한글이 만들어진 지 600년 가까이 지난 오늘날, 한글은 한국인의 자랑스러운 문화유산을 넘어 세계적으로도 그 가치를 인정받고 있다. 언어 연구학으로 세계 최고로 꼽히는 영국 옥스퍼드 대학교의 언어학 대학에서 세계 모든 문자를 독창성·과학성·합리성 등의 기준으로 순위를 매김했을 때, 맨 첫자리를 한글이 차지했다. 메릴랜드 대학교 로버트 램지 교수 등 미국의 여러 언어학자들도 한글이 세계에

15 서 가장 합리적인 문자라고 이야기하였고, 《대지》를 쓴 미국의 작가 펄 벅은 "한글이 전 세계에서 가장 단순하면서도 가장 훌륭한 글자"라고 말하였다. 1967년 9월 8일을 '세계 문해의 날'로 정한 유네스코의 활동에 동참한 한국 정부도 1989년 '유네스코 세종 대왕 문해상'을 제정하고, 그 다음 해인 1990년부터 대상자를 뽑아 상을 수여함으로써 문맹 퇴치의 중요성을 일깨우고 있다.

디지털로 만나는 세종 대왕과 한글

　한국의 서울 용산구에 있는 국립한글박물관은 세종 대왕이 한글을 만든 과정을 입체적으로 재현하여 온라인으로 만날 수 있도록 서비스하고 있다. 이밖에 한글로 쓴 책들과 한글을 활용한 다양한 생활용품 등을 함께 전시하고 있으며, 세계 관람객을 위한 외국어 해설도 제공하고 있다.

　자세한 내용은 국립한글박물관의 누리집(홈페이지, https://www.hangeul.go.kr)을 방문하여 살펴볼 수 있다.

국립한글박물관 내 전시실
Exhibition Hall of National Hangeul Museum
ⓒ 국립한글박물관

❶ (눈부신) 업적을 남기다 (to leave a remarkable achievement)

- 조선 제4대 왕인 세종 대왕(1397~1450)은 거의 모든 분야에서 눈부신 업적을 남겼다.
  King Sejong(1397~1450), the 4th king of the Joseon Dynasty, left remarkable achievements in almost all fields.

- 그는 예술가로서 훌륭한 업적을 남겼다.
  He left remarkable achievements as an artist.

- 우리는 역사에 새로운 업적을 남긴 발명가를 기억한다.
  We remember inventors who have left new achievements in history.

---

❷ Adj + 게 여기다 // N + (으)로 여기다 〔to consider (as); to regard (as)〕

- 왕이 된 후 가장 먼저 "토론해 보자."고 말했다는 데에서 알 수 있듯이, 세종은 소통을 중요하게 여겼다.
  As can be seen from the fact that what he said first right after becoming king was, "Let's discuss," King Sejong considered communication important.

- 사람들은 다큐멘터리를 교육적인 프로그램으로 여긴다.
  People regard documentaries as educational programs.

- 사람들은 거북을 신성하게 여겼다. / 사람들은 거북을 신성한 동물로 여겼다.
  People regarded turtles as sacred. / People regarded turtles as sacred animals.

---

❸ 귀 기울여 듣다 (to listen attentively or carefully)

- 그는 신하들의 역량을 키워 국정의 크고 작은 일을 함께 토론했고, 이들의 의견 중 나라에 유익한 것은 귀 기울여 들었다.
  He enhanced the capabilities of his subjects and discussed various state matters with them, listening attentively to the opinions that would benefit the nation.

- 재난 방송을 귀 기울여 들었다.
  I listened carefully to disaster broadcasts.

- 선생님의 말씀을 귀 기울여 들어야 한다.
  You should listen attentively to what the teacher says.

❹ V+기 위해(서) (to; in order to)

- 세종은 계속되는 가뭄으로 황폐해진 농가를 일으키고 백성을 구제할 방법을 찾기 위해 농민들의 경험을 수집하여 과학 지식으로 집대성한 《농사직설》을 펴냈다.
  King Sejong published *Nongsa Jikseol*, which synthesized scientific knowledge by collecting farmers' experiences in order to find ways to revive drought-stricken farms and help people suffering from prolonged drought.

- 좋은 성적을 받기 위해서 열심히 공부했다.
  I studied hard to get good grades.

- 유명한 레스토랑에서 식사하기 위해 3달 전에 예약했다.
  In order to dine at a famous restaurant, I made a reservation three months ago.

---

❺ N+(으)로 인한 (due to; caused by)

- 세종은 가뭄으로 인한 어려움을 극복하기 위해 세계 최초로 측우기를 만들도록 하였다.
  King Sejong had Cheugugi(rain gauge) made for the first time in the world to overcome the difficulties caused by the drought.

- 교통사고로 인한 피해가 증가하고 있다.
  Due to traffic accidents, damages are increasing.

- 급속한 환경 변화로 인한 스트레스가 죽음의 원인이었다.
  The stress caused by rapid environmental changes was the cause of death.

---

❻ N+에 힘쓰다 (work hard on) ▶ 4장 136쪽 '❼ 힘을 쏟다' 참고

- 주시경(1876~1914)은 근대 초기 한글에 대한 전문적인 이론 연구와 후진 양성에 힘써 한글의 근대화와 대중화에 선구자로 역할한 국어학자이다.
  Ju Si-gyeong(1876~1914) was a Korean linguist who played a pioneering role in the modernization and popularization of Hangeul during the early Enlightenment period by working hard on theoretical research on Hangeul and training the next generation.

- 그는 일제 강점기 조선의 독립에 힘쓴 인물이다.
  He was a figure who worked hard on Joseon's independence during the Japanese colonial period.

- 한국 문화 알리기에 힘쓴 결과, 세계의 많은 사람이 한국어 공부에 관심을 보이고 있다.
  As a result of working hard to promote Korean culture, many people around the world are interested in learning the Korean language.

❼ N+(이)라는 (to be called; to be named)

- 그가 1912년경 중등학교의 한국어 교육을 위해 편찬한 교과서인 《소리갈》에서 '한글'이라는 말을 처음 사용하였다고 알려져 있다.
  It is known that he first used the word named 'Hangeul' in the textbook *Sorigal*, which was published for Korean language education in secondary schools around 1912.

- 사랑이라는 것이 실제로 존재할까?
  Does a thing called love exist?

- 실패라는 말은 나에게 유효하지 않다.
  The word named failure is not valid for me.

---

❽ V, Adj+(으)ㄹ 정도로 (so much that/as)

- 자신의 이름도 '크고 맑은 샘'이라는 뜻의 '한힌샘'으로 고칠 정도로 한글을 사랑한 사람이다.
  He was a person who loved Hangeul so much that he even changed his name to 'Han Hin-saem,' meaning 'large and clear spring.'

- 그는 다리가 부을 정도로 많이 걸었다.
  He walked so much that his legs swelled.

- 부모는 목숨을 걸 정도로 자신의 아이를 사랑한다.
  Parents love their children so much that they would risk their lives for them.

---

❾ N+을/를 바탕으로 (to be based on)

- 주시경은 배재 학당에서 배운 영어와 근대 과학을 바탕으로 한국어 문법을 체계화하는 데 앞장섰다.
  Ju Si-gyeong took the lead in systematizing Korean grammar based on English and modern science he learned at the Baejae Hakdang.

- 정치적 안정을 바탕으로 경제가 발전할 수 있다.
  Economic development can occur based on political stability.

- 과거의 역사를 바탕으로 미래를 준비해야 한다.
  We need to prepare for the future based on past history.

⑩ V+는 데(에) 앞장서다 (to take the head to; to lead)

- 주시경은 배재 학당에서 배운 영어와 근대 과학을 바탕으로 한국어 문법을 체계화하는 데 앞장섰다.
  Ju Si-gyeong took the lead in systematizing Korean grammar based on English and modern science he learned at the Baejae Hakdang.

- 그들에게는 사회를 변화시키는 데에 앞장서야 할 이유가 충분했다.
  They had enough reasons to take the lead in changing society.

- 미세 먼지를 줄이기 위해서는 기업이 탄소 배출을 줄이는 데 앞장서야 한다.
  To reduce fine dust, companies need to take the lead in reducing carbon emissions.

---

⑪ N+와/과 인연(을) 맺다 (to make a relationship with someone/something)

- 그는 최남선이 창설한 조선 광문회와 인연을 맺었다.
  He made a relationship with Joseon Gwangmunhoe founded by Choi Nam-seon.

- 같이 일하면서 그와 인연을 맺게 되었다.
  I came to make a relationship with him while working together.

- 그 사람은 한 번 자신과 인연을 맺으면 끝까지 함께하는 유형이다.
  That person is the type who, once he makes a relationship with someone, stays with them until the end.

---

⑫ N+의 초석을 마련하다 (to pave the way)

- 그는 제자 김두봉 등과 《말모이》라는 한국어 사전의 편찬을 준비하는 등 근대 한국어 연구의 초석도 마련하였다.
  He also paved the way for modern Korean language research by preparing for the compilation of the Korean dictionary named *Malmoi* with his disciple Kim Du-bong and others.

- 그는 새 왕국의 초석을 마련할 힘과 지혜를 가지고 있었다.
  He had the strength and wisdom to pave the way for the new kingdom.

- 지금 대표는 세계적으로 성장한 회사의 초석을 마련하였다.
  The current CEO paved the way for the company that has grown globally.

⑬ N+와/과 아울러 (with; together; as well as) ▶ 5장 171쪽 '⑫ N+와/과 더불어' 참고

- 주시경은 한국어 연구와 아울러 국가와 민족의 발전이 말과 글에 달려 있다고 생각하여 한국어 교육과 후진 양성에도 온 힘을 쏟았다.
  Ju Si-gyeong devoted all his efforts to Korean language education and nurturing the next generation, believing that the development of the nation and its people depends on language and writing, as well as the research on the Korean language.

- 그녀는 지혜와 아울러 용기도 가진 사람이다.
  She is a person who has wisdom as well as courage.

- 정부는 교육 개혁과 아울러 새로운 경제 정책도 내놓았다.
  The government introduced new economic policies as well as education reform.

---

⑭ N+에(게) 달려 있다 (to depend on)

- 주시경은 한국어 연구와 아울러 국가와 민족의 발전이 말과 글에 달려 있다고 생각하여 한국어 교육과 후진 양성에도 온 힘을 쏟았다.
  Ju Si-gyeong devoted all his efforts to Korean language education and nurturing the next generation, believing that the development of the nation and its people depends on language and writing, as well as the research on the Korean language.

- 회사의 미래는 사람에게 달려 있다.
  The future of the company depends on its people.

- 앞으로의 일은 모두 나에게 달려 있다.
  What happens in the future all depends on me.

---

⑮ V+다시피 하다 (to do almost; to work nearly)

- 주시경이 도맡다시피 한 이 강습소는 한글을 배우고 싶어 하는 학생이라면 누구든지 무료로 가르쳐 주었다.
  The academy, which Ju Si-gyeong almost managed, provided free Hangeul lessons to any students who wanted to learn.

- 요즘 너무 피곤해서 거의 쓰러지다시피 한다.
  These days, I'm so tired that I'm almost collapsing.

- 그는 시험 기간이면 도서관에서 살다시피 하였다.
  During the exam period, he almost lived at the library.

⑯ V, Adj＋(으)ㄹ 뿐만 아니라 // N＋뿐만 아니라 (not only ~ but also ~; in addition to)

- 주시경에게 한글을 배운 학생들 가운데 한글뿐만 아니라 민족 정체성에 눈을 떠서 독립을 위한 민족 운동에 앞장선 사람이 많았다.
  Many students who learned Hangeul from Ju Si-gyeong were awakened to not only Hangeul but also their national identity, leading the independence movement.

- 그 과학자는 결과를 예측할 뿐만 아니라 실험도 하였다.
  The scientist not only predicted the results but also conducted experiments.

- 그 약은 효과가 좋을 뿐만 아니라 삼키기에도 쉬웠다.
  The medicine was not only effective but also easy to swallow.

---

⑰ 눈을 뜨다 (to be awakened (to); to be interested in; to open one's eyes)

- 주시경에게 한글을 배운 학생들 가운데 한글뿐만 아니라 민족 정체성에 눈을 떠서 독립을 위한 민족 운동에 앞장선 사람이 많았다.
  Many students who learned Hangeul from Ju Si-gyeong were awakened to not only Hangeul but also their national identity, leading the independence movement.

- 드디어 그가 현실에 눈을 떴다.
  Finally, he opened his eyes to reality.

- 학문에 눈을 뜬 사람들이 늘어나고 있었다.
  The number of people opening their eyes to learning was increasing.

---

⑱ V, Adj＋았/었다고 할 수 있다 // N＋이었/였다고 할 수 있다 (it can be said that)

- 이로써 세종이 '훈민정음'이라는 몸체를 만들었다면, 주시경과 그의 제자들은 이 몸체에 영혼을 불어넣어 살아 있는 '한글'로 재탄생시켰다고 할 수 있다.
  In this way, if King Sejong created the body called 'Hunminjeongeum,' then Ju Si-gyeong and his pupils can be said to have breathed a soul into this body, reinvigorating it as the living 'Hangeul.'

- 이번 프로젝트는 성공적이었다고 할 수 있다.
  The project can be said to be successful.

- 그녀에 대한 평판은 한결같았다고 할 수 있다.
  Her reputation can be said to have been consistent.

 **확인 문제** Reading Comprehension

※ 본문을 읽고 다음 질문에 답해 보세요.
Read the text and answer the following questions.

1. 다음 글을 읽고, 어떤 제도에 대한 설명인지 본문에서 찾아 써 보세요.
Read the passage and find out what system it describes from the text.

> 세종은 집현전 학자들이 업무에 시달려 책을 읽지 못하는 일이 없도록 이 제도를 실시했다. 처음에는 집에서 독서 휴가를 지내도록 하였으나, 나중에는 산속의 절을 독서당으로 꾸민 후 그곳에서 쉬면서 독서에 전념하도록 하였다.

□□□□ 제도

2. [보기]는 한글이 만들어진 원리를 설명한 자료입니다. 빈칸에 알맞은 한글 모음을 순서대로 써 보세요.
Read the principle of how Hangeul was made. Fill in the blanks with the appropriate vowels in order.

[보기]

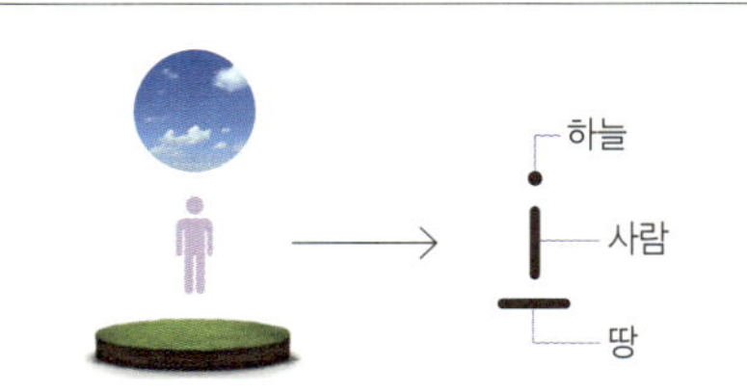

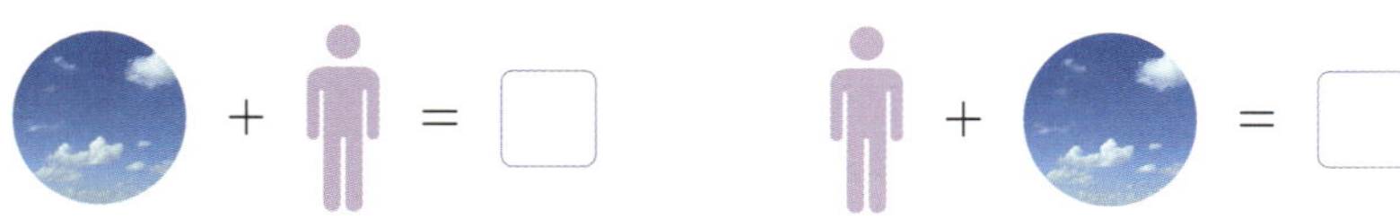

3. 세종의 업적을 본문에서 찾아 2가지 이상 써 보세요.
Write down two or more of King Sejong's achievements from the text.

(,)

1. 사가독서 2. ㅓ, ㅏ. 3. 훈민정음 창제, 조세 개혁, 측우기 등 과학 기술 발전을 주도.

4. 다음은 《세종실록》의 일부입니다. 글을 읽고 '1줄 감상문'을 완성해 보세요.
The following is a part of *Sejong Sillok.* Read the passage and write a 'one-line review.'

> (가) 나라의 말이 중국과 달라 문자가 서로 통하지 아니하므로, 어리석은 백성들이 말하고 싶은 것이 있어도 마침내 제 뜻을 잘 표현하지 못하는 사람이 많다. 내 이를 딱하게 여기어 새로 28자(字)를 만들었으니, 사람들로 하여금 쉽게 익혀 날마다 쓰는 데 편하게 하려 함이다.
> (나) 백성들이 살아가는 즐거움을 *보전시켜서 생활의 즐거움이 있게 하여야 하고, 우리 백성들과 더불어 길이 생활의 즐거움을 누려서 생생(生生)의 낙을 즐기며 살도록 하여야 한다.
>
> ___________
> *보전 preservation; keeping

→ 이 글을 통해 세종이 (   )을/를 사랑하는 마음을 알 수 있다.

5. 다음 중 <u>잘못된</u> 설명을 골라 보세요.
Choose the incorrect description.

① 《말모이》는 한국 최초로 시도한 한국어 사전이다.

② 주시경은 한국 최초의 민간 신문인 《독립신문》의 발행에 참여했다.

③ 《조선말 큰사전》은 한국이 일제로부터 해방된 1945년에 모두 출간되었다.

④ 《국어 문법》, 《말의 소리》 등에서 한국어 문법의 기초를 마련한 사람은 주시경이다.

6. 다음 글을 읽고, 빈칸에 공통으로 들어갈 알맞은 말을 써 보세요.
Read the passage and fill in the blanks with the same word.

> 1443년 세종이 창제한 '훈민정음'은 1894년 갑오개혁 때 '나랏글'이라는 의미의 '국문(國文)'으로 이름이 바뀌었다. 이후 일제 강점기에 국어학자인 주시경이 《소리갈》에서 (   ) (이)라고 불렀고, 훈민정음을 반포한 날을 기념하던 '가갸날'을 조선어 연구회가 '(   ) 날'이라고 고쳐 부르면서 그 명칭이 일반화되었다. 오늘날 한국은 10월 9일을 (   )날로 기념하며, 세종의 정신을 기리고 있다.

Activity 2-1
활동

Speak!

문맹 퇴치의 관점에서 훈민정음 창제의 역사를 떠올리고, 당시 백성의 입장에서 한글이 가져온 변화가 어떠했을지 이야기해 보세요.

From the perspective of eradicating illiteracy, recall the history of the creation of Hunminjeongeum. Then, discuss the changes Hangeul brought from the people's perspective at that time.

Activity
활동 2-2

Write!

한글을 배운 후 새롭게 알게 된 한국 문화를 말하고, 이를 통해 변화한 자신의 생각이나 가치관에 대한 에세이를 써 봅시다. 이때 언어와 문화 이해의 관계를 포괄하여 써 보세요.

Talk about the Korean culture you learned newly after learning Hangeul, and write an essay on how it changed your thoughts and values. Write the relationship between language and cultural understanding comprehensively.

Activity
활동 **3-1**

Think More!

영화 〈말모이〉를 보고 '소중한 것을 지키는 노력'에 대해 생각해 보세요.
Watch the movie Malmoi, and think about 'efforts to protect precious things.'

Activity 3-2
활동 3-2

Make a Presentation!

여러분이 살고 있는 지역에서 고유의 언어나 문화를 지키기 위해 어떤 일이 일어났는지 조사하여 소개해 보세요.

Research and introduce what has happened in your region to preserve your own language and culture.

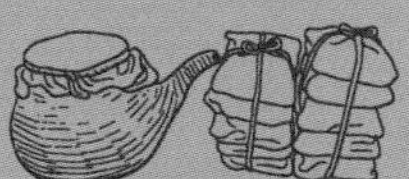

관습과 여성:

신사임당과 황진이

**Customs and Women:
Sin Saimdang and Hwang Jin-i**

학습 목표

① 성 역할이라는 사회적 편견과 관습에 대해 살피고, 이를 극복하는 태도를 배울 수 있다.

② 현대 사회에서 보여지는 사회적 편견에 대해 떠올려 보고, 이를 극복하는 방안을 생각하여 실천할 수 있다.

Activity 1-1
활동

Talk about It!

성 역할에 대한 사회적 편견이나 차별의 사례를 함께 이야기해 보세요.

Discuss examples of social prejudice or discrimination related to gender roles.

Activity
활동 1-2

Talk about It!

성 역할에 대한 사회적 통념 혹은 편견을 극복한 사례를 함께 이야기해 보세요.

Talk about cases in which social norms or stereotypes about gender roles were overcome.

1 가부장제 Patriarchy

가부장제(家父長制)는 남성이 집안의 가장으로서 강력한 권한을 가지고 가족 구성원을 다스리는 제도이다. 유교적 성격이 강한 이 제도는 조선 초기 국가 이념으로 등장해 조선 후기에 정착, 남존여비(男尊女卑) 문화를 강화시켰다. 특히 '효'라는 개념을 통해 가장에 대한 절대적 복종이 요구되었고, 여자에게는 성적 순결을 포함하는 정조(貞操)와 삼종지도(三從之道)를 강요했다. 삼종지도란 '여자가 따라야 할 3가지 도리'로, 어려서는 아버지를, 결혼 후에는 남편을, 남편이 죽은 후에는 아들을 각각 따라야 한다는 내용이다. '아내를 내쫓을 수 있는 이유가 되는 7가지 허물'이라는 '칠거지악(七去之惡)' 같은 사회적 장치도 있어, 이에 해당하는 경우 아내와 강제 이혼이 가능하도록 법률로 정해져 있었다. 또한 가족이 아닌 남녀 사이에는 얼굴을 마주 대하지 않고 피하는 관습이 철저했다. 이와 같이 유교적 가부장제는 조선 시대 내내 국가 조직과 모든 사회관계에 적용되어, 여성들의 사회 활동을 가로막았다.

Patriarchy is a system in which men, as the heads of households, hold firm authority to control their family members. This system, which has strong Confucian characteristics, emerged as a national ideology in the early Joseon Dynasty and became established in the late Joseon Dynasty, reinforcing Namjonyeobi(the culture of male superiority and female inferiority), the concept of 'filial piety' required absolute obedience to the head of the household; for women, purity, including sexual purity, was enforced along with three major principles called Samjongjido. Samjongjido, which refers to the 'three duties that a woman must follow,' states that a woman must obey her father when she is young, her husband after marriage, and her son after her husband dies. There were also social devices such as 'Chilgeojiak' or 'seven faults that could cause a wife to be kicked out,' and it was legally established that forced divorce from a wife was possible in cases where these faults were applicable. Moreover, there was a strict custom of avoiding face-to-face contact between men and women who were not family members. Thus, Confucian patriarchy was applied to both state organizations and all social relations throughout the Joseon Dynasty, greatly restricting women's social activities.

1. '남존여비'의 사전적 의미를 찾아 써 보세요.
Search for and write down the dictionary definition of 'Namjonyeobi.'

1. 사회적 지위나 권리에서 남자를 여자보다 우대하고 존중하는 풍습이다.

2 현모양처 Wise Mother and Good Wife

'현모양처(賢母良妻)'는 20세기 초 조선이 서양 문물의 영향을 받아 근대 사회로 개혁되어 가던 때인 근대 초기부터 사용된 용어로, 근대적 여성 교육을 받은 새로운 여성상의 이미지가 강하였다. 이는 '현명한 어머니이면서 어진 아내'를 의미하지만, 남성은 직업을 가지고 사회적으로 활동하는 반면 여성은 가정 내에서 어머니와 아내로서 역할을 다하는 것이 국가 사회의 일원으로서 각자의 임무라는 내용이 핵심적이다. 그래서 현대에서 이 말은 여전히 전통적이고 유교적인 여성상으로 해석된다. 실제로 이 용어는 남성과 여성의 성별 역할을 정당화시키는 사회적 기능을 하였다. 한편, 근대 초기 이전 조선 시대에는 '현모양처' 대신 '열녀효부(烈女孝婦)', 즉 남편이 죽은 뒤에도 그에 대한 정절을 지키거나 시부모에게 효도하는 여성상이 권장되었다.

화순옹주홍문
(和順翁主紅門)
Hwasunongjuhongmun
(Hwasun Princess Red Gate)

조선 영조의 딸인 화순옹주는 남편을 잃은 슬픔으로 음식을 입에 대지 못하다가 결국 세상을 떠났다. 이와 같이 남편에 대한 정절을 지킨 부인들을 '열녀'라 칭하고, 그 행적을 기려 세운 문을 '열녀문'이라고 하였다.
ⓒ 국가유산청

'Wise mother and good wife' is a phrase that has been used since the early modern times in the early 20th century, when Joseon was being reformed into a modern society under Western cultural influences. This phrase strongly features an idealized image of a modern woman who received an education. Although it means 'a wise mother and benevolent wife,' the key point of the phrase is that it is each individual's duty as a member of the nation and society to ensure that men have a job and are socially active while women fulfill their roles as mothers and wives within the family. Therefore, in modern times, this expression is still interpreted as describing the ideal traditional Confucian woman. In fact, this phrase served the social function of legitimizing the gender roles of men and women. On the other hand, in the Joseon Dynasty before modern times, instead of 'wise mother and good wife,' the ideal woman was portrayed as 'virtuous woman and filial wife,' which means a woman remaining faithful to her husband and filial to her in-laws' even after her husband's death.

1. '현모양처'라는 용어의 사전적 의미와 그 사회적 기능을 본문에서 찾아 써 보세요.
   Look up the dictionary meaning of the expression 'wise mother and good wife.' Find and write about its social functions from the text.

2. 현대적 시각에서 '현모양처'와 '열녀효부'에 대한 자신의 생각을 한 문장으로 써 보세요.
   Write one sentence about your thoughts on both 'wise mother and good wife' and 'virtuous woman and filial wife' from a modern perspective.

1. '현명한 어머니이면서 어진 아내'를 의미한다. 그래서 이 용어는 남성과 여성의 성별 역할을 정당화시키는 사회적 기능을 하였다.
2. '현모양처'와 '열녀효부'는 전통적이고 유교적인 여성상을 의미하는 용어로, 성 역할에 대한 차별적 시각이 담겨 있다.

3 조선 시대의 신분 제도 Status System of the Joseon Dynasty

김홍도, 〈벼 타작〉
Kim Hong-do, *Byeotajak*
(Rice Threshing)

신분적 갈등과 대립 관계에 있는 사람들을 한 장면에 그렸지만, 화가 김홍도의 해학과 중용의 시선이 반영되어 격렬한 대립감은 느껴지지 않는다.
ⓒ 국립중앙박물관

조선 시대 사람들의 신분은 법적으로는 양인과 천민으로 나뉘었으나, 실제로는 양반, 중인, 상민, 천민으로 세분되었다(2장 73쪽 '조선 시대 신분 제도' 참고). 이 중 양반은 공부를 하여 고급 관리가 될 수 있었고, 노비를 소유할 수도 있었다. 중인은 양반과 상민의 중간에 있는 계층으로서 양반을 도와 관청에서 일하거나, 병이나 상처를 치료하는 관리인 의관, 통역을 담당하는 관리인 역관 등의 전문적인 일을 하였다. 중인은 상민보다는 지위가 높았으나, 양반처럼 높은 관직에 오르기는 쉽지 않았다. 상민은 농업·어업·수공업·상업 등을 하는 일반 백성으로 세금을 내야 하는 의무가 있었다. 천민은 최하층 신분으로 대부분 노비였으며, 소나 돼지를 잡아 파는 백정이나 노래와 연극을 하는 광대 등이 이에 속했다. 이러한 신분은 자녀에게 세습되었고, 부모의 신분이 다른 경우 자녀는 대체로 신분이 낮은 부모 쪽을 따랐다.

The people of the Joseon Dynasty were legally divided into the social classes of Yangin and Cheonmin, but in reality, they were further divided into Yangban, Jungin, Sangmin, and Cheonmin(Chapter 2. p.73 The status system of the Joseon Dynasty). Among these, Yanban could study to become high-ranking officials and own slaves. Jungin consisted of those ranked between Yangban and Sangmin. Members of Jungin helped Yangban by working in government offices, or they performed specialized jobs, such as interpreting or treating wounds and illnesses as medical practitioners. While Jungin held a higher social status than Sangmin, it was not easy for them to reach high government positions like Yangban. Sangmin engaged in agriculture, fishing, handicrafts, commerce, and more. As ordinary citizens, they were obligated to pay taxes. Cheonmin, the lowest class of people, mainly consisted of slaves and included butchers who slaughtered cows or pigs and clowns who sang and performed plays. These social statuses were inherited by children, and in cases where parents belonged to two different classes, children generally followed the lower-ranking parent.

1. 조선 시대 지배층으로서 양반이 누렸던 특권이 무엇인지 본문에서 찾아 써 보세요.
Write down the privileges Yangban had as a ruling class during the Joseon Dynasty from the text.

1. 양반은 고급 관리가 될 수 있었고, 노비를 소유할 수 있었다.

4 기생 Gisaeng

기생은 전통 사회의 잔치나 술자리에서 노래·춤 및 풍류로 참석자들의 흥을 돋우는 일을 직업으로 삼았던 여자를 뜻한다. 조선에서는 기생을 제도화하여 천민 신분으로 분류하였으며, 이들의 신분이 바뀌는 경우는 매우 드물었다. 조선 사회는 남성들이 여성과 관련해 다양한 경험을 하는 것에 너그러웠지만, 가정 안의 여성들에게는 외부 남성과의 접촉을 제한했다. 이러한 사회 환경에서 기생은 남성과 함께 사회 활동을 할 수 있었던 유일한 여성층으로, 시와 글에 능하여 지식인 대접을 받는 계층이었다. 이들 기생에는 관청에 소속된 관기로서 궁중의 춤과 음악을 전승해 온 조선의 여악도 포함되어 있었다.

조선 후기 상공업 발달로 소비 및 놀이와 향락 문화가 융성하면서, 신윤복과 같은 풍속 화가들은 풍류 문화의 중심에 있는 기생을 대상화하여 많은 작품을 남겼다. 일제 강점기에 관기 제도가 폐지되면서 기생에 대한 부정적 인식이 강해졌다.

신윤복, 〈기녀 출행도〉
Sin Yun-bok,
Ginyeo Chulhaengdo
(A Courtesan's Travels)

초가집 앞의 강아지 시선을 따라가면, 시종인 듯한 여인과 예전에 여자들이 나들이할 때 얼굴을 가리기 위해 머리에서부터 길게 내려 쓰던 장옷을 쓰고 외출하는 기녀(기생)를 발견할 수 있다.
ⓒ 국립중앙박물관

A gisaeng is a woman who entertains guests at traditional social parties or drinking parties through song, dance, or art. The Joseon Dynasty institutionalized the gisaeng system and categorized them as low-class citizens, and it was very rare for their status to change. The Joseon society accepted men having diverse experiences with women but restricted women in the household from contacting outside men. In this social environment, gisaengs were the only class of women who could participate in social activities together with men, and they were treated as intellectuals for their proficiency in poetry and writing. Included with these gisaengs were Yeoak(Joseon's female singers), who passed down the dances and music of the royal court as Gwangi(official female entertainers) belonging to government offices.

As cultures of consumption, recreation, and pleasure thrived with the development of commerce and industry in the late Joseon Dynasty, genre painters such as Sin Yun-bok created many works objectifying gisaengs, who were at the center of hedonistic culture. However, as the Gwangi system was abolished during the Japanese colonial period, negative perceptions toward gisaengs intensified.

1. 조선 시대 신분 제도상 기생은 어떤 신분에 속했는지 써 보세요.
Write down which status gisaengs belonged to in the status system of the Joseon Dynasty.

5 신사임당의 대표 작품 Sin Saimdang's Masterpieces

신사임당, 〈초충도〉 중
'가지와 방아깨비'
Sin Saimdang, 'eggplants
and long-headed
grasshoppers' from
Chochungdo
(Grass and Insects)

8폭 병풍에 그려진 여러 〈초
충도〉의 하나에는 아이를 많
이 낳기를 기원하는 의미로 알
려진 '가지'와 '방아깨비'가 그
려져 있다.
ⓒ 국립중앙박물관

조선 시대에는 대체로 여성의 사회 진출이 어려웠다. 그럼에도 조선 후기에 비해 조선 전기에는 여성의 권리가 조금이나마 보장되었다.

신사임당은 조선 전기 대표적인 여성 예술가로서, 결혼 후 친정인 강원도 강릉에 살면서 자신의 능력을 펼쳐 그림과 시, 글씨, 자수 등 다수의 작품을 남겼다. 이 중 〈초충도(草蟲圖)〉는 8폭의 병풍으로 그려졌는데, 꽃·과일·열매 등의 주위로 몰려든 벌레와 동물 등을 통해 자손을 많이 낳기를 바라고 장수와 출세 등을 기원하는 그림이다.

신사임당은 그림 외에 빼어난 시들을 남기기도 하였다. 〈유대관령망친정(踰大關嶺望親庭)〉과 〈사친(思親)〉은 친정에서 멀리 떨어진 시집으로 떠나가야 했던 신사임당이 친정어머니를 그리는 애틋한 마음을 드러낸 한시로 현재에 전해지고 있다.

During the Joseon Dynasty, it was usually difficult for women to go out into society. However, compared to the later period of Joseon, women's rights were guaranteed to some extent during the earlier period.

Sin Saimdang was a female artist representing the early Joseon period. After marriage, she performed to the best of her abilities and left numerous works, such as paintings, poems, calligraphy, and embroidery, while staying in her hometown, Gangneung of Gangwon Province. Chochungdo, one of those works, was painted on eight folding screens, and the painting wished for abundant descendants, longevity, and success by depicting the insects and animals gathered around flowers, fruits, and berries.

In addition to her paintings, Sin Saimdang also left behind remarkable poetry. *Yudaegwannyeongmangchinjeong* and *Sachin* are being passed down to this day as Sino-Korean poems in which Sin Saimdang, who had to leave her hometown to go to her husband's home, expresses her deep affection for her mother.

---

1. 다음 빈칸에 알맞은 말을 써 보세요.
Fill in the blank with the appropriate word.

> 〈초충도〉는 풀과 (   )을/를 소재로 그린 그림을 말한다.

1. 벌레

6 황진이의 대표 작품 Hwang Jin-i's Masterpieces

시와 글·춤 등 여러 면에서 뛰어났던 경기도 개성의 기생 황진이는 조선 전기에 활약했던 여성 시인으로서 〈청산리 벽계수야〉, 〈동짓달 기나긴 밤을〉, 〈어져 내 일이야〉, 〈내 언제 신(信)이 없어〉, 〈산은 옛 산이로되〉 등 빼어난 시조 작품들을 남겼다. 이 중 황진이의 대표 작품으로 널리 알려져 있는 〈청산리 벽계수야〉는 흐르는 시냇물이 바다에 닿으면 다시 못 오는 것처럼 떠나면 돌아오기 힘드니 쉬어 가라는, 풍류 생활의 낭만과 즐거움을 노래한 작품이다.

Hwang Jin-i, a gisaeng who excelled in many aspects, including poetry, prose, and dance, was a well-known female poet who grew popular during the early Joseon Dynasty. She left outstanding sijo works such as *Cheongsan-ri Byeokgyesuya*, *Through the Long Night with the Eastern Moon*, *Alas! What Have I Done?*, *When Have I Ever Lost Faith?*, and *The Mountain Is an Old One*. Among these, *Cheongsan-ri Byeokgyesuya*, widely known as Hwang Jin-i's masterpiece, is a poem that sings of the romance and joy of refined leisure life. It urges people to take some breaks because it is difficult to return after leaving, just as a flowing stream cannot come back once it reaches the ocean.

청산리 벽계수야

청산리 벽계수야 수이 감을 자랑 마라.

*일도창해(一到滄海) 하면 다시 오기 어려워라.

*명월(明月)이 *만공산(滿空山)하니 쉬어 간들 어떠리.

———————

*일도창해 once it reaches ocean
*명월 bright moon; Hwang Jin-i's nickname as a gisaeng
*만공산하다 to fill the empty mountain

1. 황진이의 작품들을 소리 내어 읽어 보고, 그중 대표 작품을 감상해 보세요.
Read aloud some of Hwang Jin-i's famous poems, and then appreciate one of them.

1. 〈청산리 벽계수야〉, 〈동짓달 기나긴 밤을〉 등.

7 **조선 시대의 관습을 깬 여성들**
Women who Broke with Conventions in the Joseon Dynasy

○ 대장금 Dae Jang-geum

대장금은 중종(1488~1544) 때 의녀로, 의녀로서는 《조선왕조실록》에 가장 많은 기록을 남긴 인물이다. 《태종실록》에 따르면, 의녀 제도는 "부인이 병이 있어도 남자 의원이 진맥하고 치료하게 하면 부끄러워 치료받기를 꺼려 사망에 이르게 된다."는 의견이 받아들여지면서 시작되었다. 이처럼 당시 의녀의 역할은 의원을 보조하거나 여성을 진찰하는 것에 국한되어 있었으나, 대장금은 임금의 주치의로 역할했다. 이에 불만을 품은 신하들이 대장금을 공격하기도 하였으나, 왕이 마지막까지 자신의 건강을 믿고 맡겼을 정도로 대장금은 신뢰받았다. 그만큼 대장금의 의술이 뛰어났다고 전해진다.

Dae Jang-geum was a female medical practitioner during the reign of King Jungjong(1488~1544), leaving the most records in *Joseon Wangjo Sillok*(Annals of the Joseon Dynasty) among female practitioners. According to *Taejong Sillok*(Annals of King Taejong), the system of female doctors began through the acceptance of the opinion that "when a woman is sick, if a male doctor treats her, she will be embarrassed and reluctant to receive treatment, leading to death." At that time, the role of women in healthcare was limited to assisting doctors or examining other women, but Dae Jang-geum served as the king's personal physician. Subjects who objected to Dae Jang-geum attacked her, but it is said that Dae Jang-geum's medical skills were excellent, to the extent that the king entrusted his health to her until the end.

○ 허난설헌 Heo Nanseolheon

허난설헌(1563~1589)은 《홍길동전》을 지은 허균의 누나로, 글재주가 뛰어났지만 시를 쓰는 것을 못마땅해하는 시집살이로 정신적인 고통을 겪었다. 여성이라는 이유로 재능이 제대로 평가되지 못했을 뿐 아니라 자식들까지 잃고, 심지어 친정이 통치자에 반역한 역적으로 몰리는 고통 속에서 살다가 26세라는 이른 나이에 생을 마감했다. 훗날 그녀의 시는 중국과 일본에까지 소개되어 많은 사람에게 사랑받았다.

Heo Nanseolheon(1563~1589) was the older sister of Heo Gyun, who authored *Honggildongjeon*(The Tale of Hong Gildong). Although she excelled at writing, she suffered from psychological pain, as her in-laws disapproved of her writing poetry. Her talent went unrecognized because she was a woman. Moreover, she lost her children, and, worst of all, her parent's family were accused of being traitors who rebelled against the king. Living with this pain led to her ending her life at the early age of 26. However, her poetry was later introduced to China and Japan and became loved by many people.

○ 김만덕 Kim Man-deok

김만덕(1739~1812)은 조선 후기 상민으로, 사업가이자 사회 활동가였다. 제주도의 상민 집안에서 태어나 전염병으로 부모를 잃고, 기생에게 맡겨져 제주도 관기가 되었다가 양인 신분을 회복했다. 이후 장사를 하여 큰돈을 벌었는데, 제주도에 대흉년이 들자 자신이 모은 돈으로 육지에서 쌀을 사서 제주도 백성에게 나누어 주었다. 당시 제주도 사람들은 섬 밖으로 나올 수 없었는데, 김만덕의 선행을 들은 정조가 그녀의 소원을 들어주어 한양(현재 서울)을 방문하고 금강산을 여행할 수 있었다.

Kim Man-deok(1739~1812), Sangmin(a commoner) in the late Joseon Dynasty, was a businesswoman and social activist. Born to a Sangmin household on Jeju Island, she lost her parents due to infectious disease, and she was left in the care of a gisaeng to become Gwangi(a gisaeng belonging to a government office) in Jeju Island until restoring her social rank as Yangin. Afterward, she earned significant amounts of money through business; however, when a major famine occurred on Jeju Island, she used the money she had saved to buy rice on the mainland, distributing it amongst the people of Jeju Island. Although people who resided in Jeju Island were not allowed to leave the island then, King Jeongjo, who heard of Kim Man-deok's good deeds, granted her wish, allowing her to visit Hanyang(present Seoul) and travel to Geumgang Mountain.

1. 대장금은 어떤 직업을 가진 사람이었는지 본문에서 찾아 써 보세요.
   Write down what kind of job Dae Jang-geum had from the text.

2. 김만덕이 남긴 아래의 말로 알 수 있는 '재물[돈]과 사람'에 대한 그녀의 생각을 짐작해 1줄로 완성해 보세요.
   Read what Kim Man-deok said regarding 'wealth(money)' and 'human.' Then, complete the following sentence.

> "재물을 잘 쓰는 자는 밥 한 그릇으로도 굶주린 사람의 인명을 구할 수 있지만, 그렇지 않으면 썩은 흙과 같다."

→ 김만덕은 (   )보다 (   )을/를 더욱 귀하게 여겼다.

관습과 여성:
신사임당과 황진이

1

1   신사임당(1504~1551)은 조선 전기의 화가이자 시인으로, 대학자 율곡 이이의 어머니이다. 집의 이름에서 따온 그 집주인의 호를 '당호'라고 하는데, '사임당'이 바로 그녀의 당호이다. 신사임당은 외가인 강릉에서 태어나 자라면서 외할아버지와 어머니의 영향으로 조선 시대 여성임에도 유학 교육을 받아 유학 지식과 문장·고전 등에
5   뛰어났으며, 그림·서예·시를 잘했고, 자수와 옷감 제작에도 뛰어난 솜씨를 보였다.

신사임당은 18세 때 이원수와 혼인하여 4남 3녀를 두었다. 신부 집에서 혼인을 치르고 머무르는 조선 전기 풍습에 따라 친정집에서 신혼 생활을 시작한 신사임당은 결혼 몇 달 후 아버지가 세상을 떠나자, 남편의 동의를 구해 아들이 없는 친정어머니 곁을 지켰다. 그녀는 삼년상을 마칠 때까지 친정에서 살다가 한양으로 갔으
10   며, 시집인 파주에서 지내기도 하였다. 이후에도 이따금 친정에 가서 홀로 사는 어

- 조선 Joseon Dynasty
- 대학자 great scholar
- 그녀 she; her
- 영향 influence; impact
- 문장 writing skills
- 서예 calligraphy
- 옷감 cloth; fabric
- 혼인하다 to marry
- 친정어머니 married woman's mother
- 친정 married woman's parents' home

- 전기 former period
- 따오다 to quote; to name after
- 외가 one's mother's parents' home
- 유학 Confucianism
- 고전 classical literature; classics
- 시 poem; poetry
- 제작 production; manufacture
- 동의 agreement; consent
- 곁 side
- 시집 one's husband's home

- 시인 poet
- 호 pen name
- 외할아버지 maternal grandfather
- 지식 knowledge
- 뛰어나다 to be outstanding
- 자수 embroidery
- 솜씨 skills; dexterity
- 구하다 to seek; to ask for
- 삼년상 three-year mourning
- 이따금 occasionally; once in a while

머니와 같이 지내기도 하였는데, 셋째 아들 이이도 친정인 강릉에서 낳았다. 37세
에 시집 살림을 도맡아 하기 위해 한양으로 완전히 이사했으며, 47세에 남편이 나
랏일과 관련된 사무로 아들들과 함께 평안도에 갔을 때 갑자기 세상을 떠났다.

  신사임당은 6세 때 조선 전기의 뛰어난 화가인 안견의 그림을 본떠 그릴 정도로
15 일찌감치 예술적 재능을 드러냈다. 그녀의 예술성은 남겨진 수많은 그림에서 살필
수 있는데, 신사임당의 〈초충도〉를 여름 볕에 말리려고 마당에 내놓았을 때 살아
있는 벌레인 줄 알고 닭이 쪼아 종이가 뚫어질 뻔했다는 이야기가 전해진다.

  신사임당의 그림은 후세 시인과 학자들에 의해 크게 사랑받았다. 조선 시대 한
문인은 "신사임당의 포도와 산수(산과 물)가 그 무엇에도 비할 데 없을 만큼 뛰어
20 나 (조선 시대 대표 산수화인 〈몽유도원도〉를 그린) 안견 다음에 간다. 어찌 여자의
그림이라 하여 가볍게 여길 것이며, 또 어찌 여자가 할 만한 일이 아니라고 나무랄
수 있을 것이랴." 하고 크게 칭찬하였다. 한편, 신사임당이 그린 〈묵란도〉의 위쪽에
는 조선 후기 학자이자 신사임당의 아들 이이의 제자인 송시열이 '사람의 힘을 빌
려 된 것이 아닌 것 같다.'고 평가한 내용이 쓰여져 있다.
25   이처럼 신사임당이 예술성을 발휘할 수 있었던 데에는 당시 조선 시대 여성들

• 살림 housekeeping	• 도맡다 to take a role alone	• 나랏일 affairs of state
• 사무 office work	• 본뜨다 to be modeled after; to copy	• 일찌감치 early
• 예술적 artistic	• 재능 talent; gift	• 드러내다 to reveal; to disclose
• 예술성 artistry; artistic value	• 수많은 many; a lot of	• 살피다 to examine; to observe
• 볕 sun; sunlight	• 내놓다 to put out; to take out	• 벌레 insect; bug
• 쪼다 to peck	• 뚫어지다 to dig; to drill; to pier	• 후세 later generations
• 문인 literary person; writer	• 산수화 landscape painting	• 어찌 how; what
• 여기다 to regard; to consider	• 나무라다 to scold; to rebuke	• -(이)랴 ending(suffix) to make a question
• 한편 meanwhile	• 후기 latter period	• 제자 pupil; student
• 평가하다 to evaluate; to estimate	• 발휘하다 to demonstrate; to display	• 당시 then; at that time

과는 달랐던 환경적 영향이 컸다고 이야기되고 있다. 신사임당은 아들이 없는 집안의 둘째 딸로 태어나 어른들의 깊은 사랑을 받으며 학문을 익혔다. 그녀의 작품 〈유대관령망친정〉, 〈사친〉에서도 드러나듯이, 신사임당은 어머니에 대한 사랑이 각별했다. 나아가 유교 사회의 전형적인 남성 우위의 태도를 보이지 않고 아내

30 의 타고난 소질을 인정해 준 남편의 이해도 큰 몫을 했다. 남편은 신사임당의 그림을 친구들에게 자랑할 정도로 아내의 재능을 인정했다. 결혼 후에도 친정에서 지내는 당시의 혼인 풍습에 따라 신사임당은 조선 후기의 여성들과 달리 시집살이를 많이 겪지 않았다. 이러한 정황상, 신사임당은 비교적 자유롭게 자신의 생각대로 일상생활을 누리며 자녀 교육을 할 수 있었던 것으로 보인다.

35 현대 한국 사회에서는 지식과 인성을 갖추어 자녀를 훌륭하게 길러 낸 어머니로서 신사임당의 면모가 부각되었다. 신사임당의 셋째 아들 이이는 조선의 대학자이자 정치가였고, 넷째 아들 이우는 시와 글씨와 그림에 뛰어났고 거문고를 잘 탔으며, 장녀 이매창은 그림 솜씨가 빼어나는 등 조선의 훌륭한 예술가로 평가받고 있다. 현재 한국의 5만 원권 지폐에는 신사임당의 초상화가 그려져 있는데, 율곡 이

40 이의 어머니이자 '현모양처'라는 여성적 역할이 강조되는 반면 주체적 여성 예술가

Vocabulary

- 환경적 environmental
- 전형적인 typical
- 소질 talent; aptitude
- 시집살이 living with in-laws
- 비교적 relatively; comparatively
- 갖추다 to prepare; to be equipped
- 정치가 statesman; politician
- 장녀 the oldest daughter
- 권 unit
- 여성적 feminine; womanly

- 작품 piece; work of art
- 우위 superiority; dominant position
- 몫 share; portion; quota
- 겪다 to undergo; to experience
- 누리다 to enjoy
- 면모 appearance
- 거문고 Geomungo zither
- 빼어나는 excellent
- 지폐 bill; banknote
- 강조되다 to be emphasized

- 각별하다 to be special
- 타고나다 to be born; to be gifted
- 달리 unlike
- 정황상 in this situation
- 인성 personality; human nature
- 부각되다 to stand out; to be magnified
- 타다 to play (the geomungo)
- 예술가 artist
- 초상화 portrait
- 주체적 independent; autonomous

로서의 면모가 소홀히 다루어지는 것은 아닌지 살펴볼 필요가 있다.

1   기생으로서 황진이(미상, 1506~1567로 짐작함)의 이름은 '명월'이었다. 그녀의 출생에 대한 직접적이고 정확한 자료는 남아 있지 않지만, 아버지가 양반 계급의 진사였고 어머니가 기생 혹은 천민 출신의 시각 장애인이었다는 설이 유력하게 전해진다. 당시 조선의 신분 제도에 따르면 양인 남자와 천민 여자 사이에서 태어난 자녀

5   는 어머니의 신분을 따라야 했고, 아버지가 양반일 경우 '얼녀'라는 신분상 중인의 대우를 받았다(4장 125쪽 참고). 따라서 황진이의 경우 양반의 첩이 되어 안정적인 생활을 누릴 수 있지만, 황진이는 신분상 운명을 받아들이지 않고 자유를 택했다.

    황진이는 빼어난 용모에 시와 서예·그림·노래·춤 등 다방면에 뛰어났으며, 유학과 고전 문학에 대한 지식 또한 대단했던 매력적인 인물이라고 알려져 있다. 그래

10 서 황진이와 관련하여, 이웃 총각이 그녀를 짝사랑하다가 상사병으로 세상을 떠난 후 기생이 되었다는 이야기에서부터, 10년 동안 수행하며 '살아 있는 부처'로 불리던 지족 선사를 유혹하여 불교의 계율을 어기게 하였으며, 인격이 높기로 이름난 왕족인 벽계수가 개성에서 한양으로 돌아가려 할 때 시조를 읊어 그의 발길을 돌

• 소홀히 carelessly; roughly	• 미상 anonymous; unidentified	• 기생 female entertainer
• 출생 birth	• 양반 person of the noble class	• 계급 class; rank
• 진사 a title of a government office	• 천민 person of the lowest class	• 시각 장애인 visually handicapped person
• 설 rumor	• 유력하게 strongly; reliably	• 신분 제도 status system
• 양인 person who is not Cheonmin	• 신분상 in terms of social status	• 중인 person of the middle class
• 대우 treatment; deal	• 첩 concubine	• 안정적인 stable
• 용모 appearance; look	• 다방면 varied; multifarious	• 매력적인 charming; attractive
• 총각 bachelor; unmarried man	• 짝사랑하다 to be in one-sided love	• 상사병 lovesick
• 선사 Zen master	• 계율 religious precepts	• 이름나다 to become famous
• 왕족 royalty; royal family	• 시조 traditional 3-verse Korean poem	• 읊다 to recite

리게 했다는 등의 일화에 이르기까지 많은 이야기가 전해진다. 저명한 학자인 서

15 경덕을 유혹하려고 했던 황진이가 유혹에 넘어가지 않는 그에게 감탄하여 그의

제자가 되었다는 이야기도 유명하다. 황진이는 자신을, 박연 폭포와 스승 서경덕과

함께 지금의 개성을 일컫던 송도(松都)의 3대 명물이라는 뜻의 '송도삼절'로 칭했을

만큼 대단한 자부심과 긍지를 가진 인물이었다.

황진이는 천민이라는 신분적 제약에도 불구하고 당대 지배 계층의 남성들과 대

20 등하게 교류한 것으로 보인다. 황진이는 그 시대의 유명한 양반 남성들과 교류하면

서 남녀 간 애정에 대한 내용을 시와 그림으로 표현했는데, 기생이 한 것이라 하

여 낮게 평가되었을 뿐만 아니라 음란한 것으로 여겨져 금기시되었다. 그럼에도 황

진이에 대한 이야기는 계속해서 말로 전해져 내려왔고, 현재 황진이의 작품은 〈청

산리 벽계수야〉, 〈동짓달 기나긴 밤을〉 등 시조 6수와 한시들이 전해지고 있어 그

25 예술성을 짐작할 수 있다.

1   동시대를 살았던 신사임당과 황진이는 사회 계급·성장 배경·직업·생활 방식 등

많은 부분에서 대조적이지만, 조선 시대의 유교적 여성상에 만족하지 않고 독립된

- 일화 anecdote
- 박연 폭포 name of the waterfalls
- -대 representative
- 자부심 self-respect
- 당대 (of) the time; this era/age
- 교류하다 to exchange; to interchange
- 수 number (of poems)
- 대조적 contrasting
- 학문적 academic; scholarly
- 과감히 boldly

- 저명한 well-known; famous
- 스승 (esteemed) teacher
- 명물 speciality
- 긍지 pride
- 지배 rule; domination
- 음란한 lewd; obscene
- 동시대 same age; contemporary
- 여성상 female symbol; female figure
- 제한되다 to be limited
- 관습 custom; convention

- 감탄하다 to admire
- 일컫다 to call; to name
- 칭하다 to name; to designate
- 신분적 status; positional
- 대등하게 equally
- 금기시되다 to be considered as a taboo
- 방식 style
- 지니다 to keep; to carry
- 분야 area; field
- 선구자 pioneer

인간으로서 예술가의 길을 걸었다는 공통점을 지닌다. 두 인물은 높은 수준의 학
문적 지식과 빼어난 시와 글과 그림 솜씨를 통해 당시 여성들에게 제한된 역할과
5 분야에 과감히 도전하였고, 남성 중심 사회에서 고정된 성 역할의 관습을 깨고 시
대를 앞서 나간 여성 예술의 선구자로서 삶을 보여 주었다.

신사임당과 황진이의 작품 둘러보기

성 역할에 대한 고정 관념이 컸던 한국의 조선 시대. 이때를 살아갔던 신사임당과 황진이는 당시 사회적 제약
을 뛰어넘어 여성 예술가로서 발자취를 남긴 대표적인 인물들이다. 세밀한 붓 선이 남다른 신사임당의 〈산수도〉와
〈초충도〉, 솔직한 심정을 뛰어난 비유로 표현한 황진이의 다음 작품을 감상해 보자.

1 신사임당, 〈산수도〉
   Sin Saimdang, *Sansudo*(Landscape)
2 신사임당, 〈초충도〉 중 '맨드라미와 쇠똥벌레'
   Sin Saimdang, 'cockscombs and dung beetles' from *Chochungdo*
ⓒ 국립중앙박물관

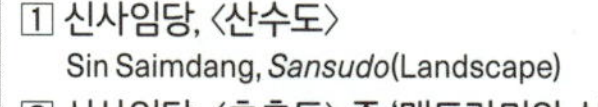

산은 옛 산이로되

산은 옛 산이로되 물은 옛 물이 아니로다.
밤낮으로 흐르니 옛 물이 있을쏜가.
인걸(人傑)도 물과 같아 가고 아니 오도다.

황진이, 〈산은 옛 산이로되〉
Hwang Jin-i, *Saneun Yet Sanirodoe*
(The mountain is an old mountain)

❶ N+(이)자 (and; both; as well as)

- 신사임당(1504~1551)은 조선 전기의 화가이자 시인으로, 대학자 율곡 이이의 어머니이다.
  As a painter and poet of the Joseon Dynasty, Sin Saimdang(1504~1551) is the mother of Great Scholar Yulgok Yi I.

- 어머니는 나의 보호자이자 선생님이다.
  My mother is both my protector and my teacher.

- 그녀는 모델이자 회사 최고 경영자이다.
  She is a model as well as a company CEO.

---

❷ N+에 따라 (according to; following)

- 신부 집에서 혼인을 치르고 머무르는 조선 전기 풍습에 따라 친정집에서 신혼 생활을 시작했다.
  Following the custom of the early Joseon Dynasty, in which a wedding ceremony was held in a bride's house, she began her newlywed life in her parents' home.

- 지구에서 물체는 중력에 따라 움직인다.
  Objects on Earth move following gravity.

- 학교 교칙에 따라 수업에 늦은 학생들은 벌점을 받는다.
  Following the school rules, students who are late for class receive penalty points.

---

❸ 세상을 떠나다 (to pass way; to die) ▶ 6장 200쪽 '❾ 생을 마감하다' 참고

- 신사임당은 결혼 몇 달 후 아버지가 세상을 떠나자, 남편의 동의를 구해 아들이 없는 친정어머니 곁을 지켰다.
  When Sin Saimdang's father passed away a few months after her marriage, she sought her husband's consent and stayed by her mother who had no sons.

- 그는 세상을 떠나기 직전에 유언을 남겼다.
  He left a will just before he passed away.

- 할아버지께서 90세의 연세로 세상을 떠나셨다.
  My grandfather died at the age of 90.

❹ V+자 (after; as; when)

- 신사임당은 결혼 몇 달 후 아버지가 세상을 떠나자, 남편의 동의를 구해 아들이 없는 친정어머니 곁을 지켰다.
  When Sin Saimdang's father passed away a few months after her marriage, she sought her husband's consent and stayed by her mother who had no sons.

- 심판이 깃발을 내리자 경주가 시작되었다.
  When the referee lowered the flag, the race began.

- 가수가 노래를 하자 관객들이 박수를 쳤다.
  As the singer sang, the audience applauded.

---

❺ 동의를 구하다 (to ask for consent; to seek one's consent; to obtain consent)

- 신사임당은 결혼 몇 달 후 아버지가 세상을 떠나자, 남편의 동의를 구해 아들이 없는 친정어머니 곁을 지켰다.
  When Sin Saimdang's father passed away a few months after her marriage, she sought her husband's consent and stayed by her mother who had no sons.

- 그 일을 하기 위해서는 회원들의 동의를 구해야 한다.
  To do the work, you should obtain the consent of the members.

- 다른 의견이 있는지 묻고 동의를 구해야 일을 진행할 수 있다.
  You should ask if there are different opinions and seek consent before you proceed with the work.

---

❻ 곁을 지키다 (to stay by one's side; to stick by sombody)

- 신사임당은 결혼 몇 달 후 아버지가 세상을 떠나자, 남편의 동의를 구해 아들이 없는 친정어머니 곁을 지켰다.
  When Sin Saimdang's father passed away a few months after her marriage, she sought her husband's consent and stayed by her mother who had no sons.

- 부모는 밤새 아픈 아이의 곁을 지켰다.
  The parents stayed by the sick child's side all night.

- 힘든 일이 있을 때마다 가족들이 내 곁을 지켜 주었다.
  Whenever something difficult happened, my family stuck by my side.

❼ 전해지다 (to be told; to be said; to be conveyed)

- 신사임당의 〈초충도〉를 여름 볕에 말리려고 마당에 내놓았을 때 살아 있는 벌레인 줄 알고 닭이 쪼아 종이가 뚫어질 뻔했다는 이야기가 전해진다.
  It is told that when Sin Saimdang's *Chochungdo* was put out in the yard to dry in the summer sun, a chicken pecked at it, thinking it was a live bug, and almost pierced the paper.

- 도망 다니던 그는 결국 외로운 죽음을 맞았다고 전해진다.
  It is conveyed that he eventually died a lonely death while running away.

- 전설의 섬 아틀란티스는 바다 아래로 가라앉았다고 전해진다.
  It is said that the legendary island of Atlantis sank beneath the sea.

---

❽ N에 비할 데(가) 없다 (there is no comparison; incomparable; can not match)

- 조선 시대 한 문인은 "신사임당의 포도와 산수(산과 물)가 그 무엇에도 비할 데 없을 만큼 뛰어나 안견 다음에 간다." 하고 크게 칭찬하였다.
  During the Joseon Dynasty, a scholar praised, "The grapes and landscape(mountain and water) of Sin Saimdang are so exceptional that they are incomparable to anything else and are evaluated next after An Gyeon."

- 그것은 어떤 제품에 비할 데 없을 만큼 정교하다.
  It is so sophisticated that no other product can compare to it.

- 가을날 한국 설악산의 아름다움은 다른 어떤 풍경에도 비할 데가 없다.
  The beauty of Seorak Mountain in Korea in autumn cannot match any other landscape.

---

❾ V, Adj+(으)ㄹ 만큼 (to the point to; so that)

- 조선 시대 한 문인은 "신사임당의 포도와 산수(산과 물)가 그 무엇에도 비할 데 없을 만큼 뛰어나 안견 다음에 간다." 하고 크게 칭찬하였다.
  During the Joseon Dynasty, a scholar praised, "The grapes and landscape(mountain and water) of Sin Saimdang are so exceptional that they are incomparable to anything else and are evaluated next after An Gyeon."

- 그녀는 놀라울 만큼 키가 자랐다.
  She grew so remarkably tall that it was astonishing.

- 그 사건은 온 동네 사람들이 알 만큼 유명했다.
  The incident was famous to the point that everyone in the neighborhood knew about it.

⑩ 학문을 익히다 (to master studies; to learn academic subjects)

- 신사임당은 아들이 없는 집안의 둘째 딸로 태어나 어른들의 깊은 사랑을 받으며 학문을 익혔다.
  Sin Saimdang was born as the second daughter of a household without a son and mastered studies while having hearty love from adults.

- 학문을 익힌 그는 시험을 보러 길을 떠났다.
  After becoming proficient in his studies, he set out to take the exam.

- 그는 저명한 교수의 제자로 들어가 학문을 익혔다.
  He became a disciple of a famous professor and mastered his studies.

---

⑪ 면모가 부각되다 (to stand out; to be highlighted)

- 현대 한국 사회에서는 지식과 인성을 갖추어 자녀를 훌륭하게 길러 낸 어머니로서 신사임당의 면모가 부각되었다.
  In modern Korean society, Sin Saimdang has been highlighted as a mother who raised her children well with knowledge and character

- 소설에서 그 캐릭터는 리더로서의 면모가 부각되었다.
  In the novel, the character stood out as a leader.

- 깍쟁이인 줄로만 알았던 그의 인간적인 면모가 부각되었다.
  He, who I thought was just a brat, was highlighted as a human.

---

⑫ N + (으)로 평가받다 (to be evaluated as; to be estimated as; to be regarded)

- 장녀 이매창은 그림 솜씨가 빼어나는 등 조선의 훌륭한 예술가로 평가받고 있다.
  Yi Mae-chang, the eldest daughter, is regarded as a gifted artist in Joseon for her exceptional painting skills.

- 그는 성실한 사람으로 평가받기에는 한계가 있었다.
  He had limitations when it came to being regarded as a diligent person.

- 이번 프로젝트를 하면서 직장 동료들에게 좋은 리더로 평가받았다.
  While working on this project, I was evaluated as a good leader by my coworkers.

⑬ N + (으)로서 (as) ▶ 3장 107쪽 '⑪ N + (으)로써' 참고

- 율곡 이이의 어머니이자 '현모양처'라는 여성적 역할이 강조되는 반면 주체적 여성 예술가로서의
  면모가 소홀히 다루어지는 것은 아닌지 살펴볼 필요가 있다.
  While the female roles as the mother of Yulgok Yi I and as a 'wise mother and good wife' are emphasized,
  it is necessary to examine if her aspect as an independent female artist is neglected.

- 미성년자로서 할 수 없는 것이 많다.
  There are many things you cannot do as a minor.

- 그녀는 학생 회장으로서 책임을 지고 사태를 해결했다.
  As student body president, she took responsibility and resolved the situation.

---

⑭ 대우를 받다 (to be treated; to receive treatment)

- 아버지가 양반일 경우 '얼녀'라는 신분상 중인의 대우를 받았다.
  If a father was a Yangban, his daughter was treated as a Jungin(middle-class person) called 'eolnyeo' due to
  her status.

- 시상식에 간 그는 특별한 대우를 받았다.
  He received special treatment when he went to the awards ceremony.

- 다른 나라에 가면 국빈 대우를 받을 정도로 그 가수의 인기는 대단하다.
  The singer's popularity is so great that he receives the treatment of a state guest in other countries.

---

⑮ 발길을 돌리다 (to turn away; to turn around; to walk away)

- 인격이 높기로 이름난 왕족인 벽계수가 개성에서 한양으로 돌아가려 할 때 시조를 읊어 그의
  발길을 돌리게 했다.
  When Byeok Gye-su, a royal family reknowned for his noble character, was about to go back from
  Gaeseong to Hanyang, Hwang Jin-i recited a poem to make him turn around.

- 식당 영업시간이 끝나 그 앞에서 발길을 돌렸다.
  The restaurant's business hours were over, so I walked away.

- 일을 끝마친 그는 후련한 마음으로 발길을 돌렸다.
  After finishing his work, he turned around with a relieved heart.

⑯ N+(으)로 칭하다 (to call/name as; to refer to)

- 황진이는 자신을 지금의 개성을 일컫던 송도(松都)의 3대 명물이라는 뜻의 '송도삼절'로 칭했을 만큼 자부심과 긍지가 대단한 인물이었다.
  It was Hwang Jin-i who named herself, with great pride and self-esteem, 'Songdo Samjeol' that refers to the three famous things of Songdo, which is now Gaeseong.

- 새로 즉위한 왕은 스스로를 황제로 칭했다.
  The newly crowned king named himself emperor.

- 사람들은 아이를 구한 그를 영웅으로 칭했다.
  People referred to him as a hero for saving the child.

---

⑰ N+의 길을 걷다 (to carve one's way; to pursue one's career)

- 신사임당과 황진이는 조선 시대의 유교적 여성상에 만족하지 않고 독립된 인간으로서 예술가의 길을 걸었다는 공통점을 지닌다.
  They have commonalities that they were not satisfied with the Confucian image of women during the Joseon Dynasty and carved their ways of artists as independent individuals.

- 그녀는 교사의 길을 걷기 위해 교육 대학에 입학했다.
  She entered the College of Education to follow her path as a teacher.

- 축구 선수 출신인 그는 은퇴 후 지도자의 길을 걸었다.
  A former soccer player, he pursued a career in coaching after retirement.

---

⑱ 관습을 깨다 (to break a custom; to break convention)

- 두 인물은 남성 중심 사회에서 고정된 성 역할의 관습을 깨고 시대를 앞서 나간 여성 예술의 선구자로서 삶을 보여 주었다.
  They demonstrated their lives as pioneers of female art, breaking the convention of gender roles in a male-dominated society and leading the way for women's advancement in their time.

- 기존의 관습을 깬 그의 행보가 기대된다.
  We look forward to his actions that break existing customs.

- 창의적인 생각은 오래된 관습을 깨는 데서 시작된다.
  Creative thinking begins with breaking old conventions.

확인 문제 Reading Comprehension

※ 본문을 읽고 다음 질문에 답해 보세요.
Read the text and answer the following questions.

1. 다음은 한국 조선 시대 '삼년상' 문화에 대한 설명입니다. 빈칸에 가장 적합한 어휘를 써 보세요.
   Read the passage about the 'Three-Year Mourning' custom in the Joseon Dynasty. Fill in the blank with the appropriate word.

> 삼년상(三年喪)은 부모가 돌아가신 이후 자식이 3년 동안 낳고 길러 주신 부모에게 고마운 마음으로 그리워하며 슬퍼하는 문화로, 부모에 대한 (   )을/를 중요하게 생각하던 조선 시대 유교 이념에 바탕한다. 삼년상을 지내는 동안 자식은 *상복을 입고 술과 고기를 조심하였다. 삼년상이 끝나더라도 자식은 매년 돌아가셨던 날에 제사를 지내면서 살아생전 부모에게 다하지 못한 (   )을/를 하였다.
>
> ───────────
> *상복 funeral garments

① 정(情)　　　　② 효(孝)　　　　③ 도리(道理)　　　　④ 예의(禮儀)

2. 다음 단어의 사전적 의미를 살펴보고, 조선 시대 여성의 삶을 유추하여 한 문장으로 요약해 보세요.
   Read the definition of Chilgeojiak. Think about women's lives in the Joseon Dynasty and summarize them in one sentence.

> •칠거지악(七去之惡): 아내를 내쫓을 수 있는 이유가 되었던 7가지 *허물을 의미한다. '시부모에게 버릇 없음, 자식이 없음, 행동이 *음란함, 질투함, 나쁜 병을 지님, 말이 지나치게 많음, 도둑질을 함.'이 이에 속한다.
>
> ───────────
> *허물 fault; mistake　　　　　　　　*음란함 obscenity; being lewd

1. ② 2. 조선 시대는 여자에게 지나치게 성차별적인 요구가 많아 여성들이 사회생활은 물론, 개인적인 생활도 남성들만큼 누리기 어려웠으리라고 짐작된다.

3. 다음은 조선 시대 신분 제도에 대한 설명입니다. 이에 대해 <u>잘못</u> 이해한 친구를 골라 보세요.

Read the passage about the status system of the Joseon Dynasty. Choose one that does not understand it correctly.

조선 시대 사람들은 크게 양인과 천민의 신분으로 나뉘었고, 그 신분은 자녀에게 *세습되었다. 이때 부모의 신분이 다른 경우 자녀는 대체로 신분이 낮은 부모 쪽을 따랐다. 예를 들어 양반이 정식 아내가 아닌 첩으로부터 자녀를 얻었을 경우, 그 자녀는 상대적으로 신분이 낮은 어머니의 신분을 따랐다. 양반의 첩이 양인일 경우 그 자녀는 서자(서녀), 양반의 첩이 천인일 경우 그 자녀는 얼자(얼녀)라고 하여 구분하였다. 이들 서자(서녀)와 얼자(얼녀)를 함께 이르는 말이 '서얼'로, 양반의 자식인 '서얼'은 중인과 같은 신분적 대우를 받았다.

---

*세습되다 to be inherited; to be succeeded

① 유진: 양반과 양반이 결혼하여 얻은 자녀는 양반의 신분이었겠네.

② 수지: 양반과 상민이 결혼하여 얻은 자녀는 상민의 신분이었겠네.

③ 안나: 노비가 양반과 결혼했으니 그들의 자식은 양반이 될 수 있었겠네.

④ 마리: 양반집 노비로 살아가는 부모의 자녀는 태어나자마자 노비였겠네.

4. 다음 〈답사 보고서〉 중 <u>잘못된</u> 부분을 찾아 보세요.
Look at the 'Field Study Report.' Find incorrect parts and rewrite them correctly.

〈답사 보고서〉

주제	오죽헌에서 조선의 여성 예술가 신사임당을 만나다
날짜	20○○년 ○○월 ○○일
내용	① <u>오죽헌(烏竹軒)은 신사임당과 그의 아들 율곡 이이가 태어난 집으로, 한국 강원도 강릉시에 있다.</u> 한국의 주택 건축물 중에서 가장 오래된 건물의 하나인 오죽헌은 집 주변으로 까마귀처럼 검은 대나무가 많아 붙여진 이름이다. ② <u>이곳에서는 신사임당이 살아 있을 적에는 널리 인정을 받지 못했던 그림과 글씨 등도 *관람할 수 있다.</u> 또한 중국의 사상가이자 학자인 공자가 말했던 '견득사의(見得思義)', 즉 '이득을 보거든 옳은 것인가를 생각하라.'는 가르침을 강조했던 이이의 뜻에 따라, 이를 새겨 놓은 비석도 볼 수 있다. 이이는 어머니 신사임당에게서 공부를 배우며 10대의 이른 나이에 과거 시험에 합격했다. ③ <u>그는 과거 시험에서 모두 9번이나 *장원에 *급제하여 '구도장원공(九度壯元公)'이라고 불릴 만큼 학문에 뛰어났다.</u> 오죽헌은 세계 최초 모자(母子) 화폐 인물 탄생지로도 유명하다. ④ <u>한국 지폐의 5만 원권에는 신사임당이, 5천 원권에는 이이가 그려져 있다.</u>
사진	  강릉 오죽헌 Ojukheon House, Gangneung ⓒ 국가유산청

*관람하다 to watch; to see
*장원 the first place in a state examination
*급제하다 to pass an examination

4. ② ※정답 풀이: 신사임당의 그림과 글씨 등은 신사임당이 살아 있을 적에도 사람들로부터 인정을 받았다.

5. 다음 질문에 답해 보세요.
Answer the following questions.

(1) 다음은 신사임당의 그림에 대한 감상입니다. 빈칸에 알맞은 말을 써 보세요.

신사임당, 〈초충도〉 중 '수박과 쥐'
Sin Saimdang, 'Watermelon and Mouse'
from *Chochungdo*
ⓒ 국립중앙박물관

신사임당은 포도, 대나무, 매화나 맨드라미 같은 여러 꽃들, 그리고 벌레와 작은 동물 등 다양한 소재를 그려 작품으로 남겼다. 이 작품은 8폭 병풍으로 구현된 〈초충도〉 중 하나로, 생쥐와 수박과 풀을 향해 날아드는 두 마리의 (   )이/가 어여쁘다. 신사임당 특유의 섬세한 붓 선, 선명한 색채, 안정된 구도 등을 보여 주는 이 작품은 오늘날에도 자수의 문양으로 많이 이용되고 있다.

(2) 다음 신사임당의 시조 작품에 대한 '1줄 평가문'을 완성해 보세요.

유대관령망친정

늙으신 어머니를 고향에 두고

서울로 향하여 홀로 떠나가는 이 마음

돌아보니 *북촌은 아득한데

흰 구름만 저문 산을 날아 내리네.

____
*북촌 northern village

→ 신사임당이 친정이 있는 강릉을 떠난 후 (   )을/를 그리워
하는 마음을 담아 쓴 작품이다.

6. 다음 작품을 읽고 질문에 답해 보세요.

Read the following poems and answer the questions.

> (가) 어져 내 일이야. 그리워할 줄을 몰랐던가.
>
>   있으라고 하였으면 갔겠냐마는 내가 굳이
>
>   보내고 그리워하는 마음은 나도 몰라 하노라.
>
> (나) *동짓달 기나긴 밤을 한 허리를 *베어 내어
>
>   봄바람처럼 따뜻한 이불 속에 *서리서리 넣어 두었다가
>
>   정든 임이 오신 밤에 *굽이굽이 펴리라.
>
> (다) 내 언제 신(信)이 없어 임을 언제 속였기에
>
>   달이 저문 깊은 밤에도 오시는 소리가 전혀 없네.
>
>   가을바람에 지는 나뭇잎 소리야 나인들 어찌하리오.
>
> ___________
>
> *동짓달 the 11th month of the lunar calendar   *베다 to cut; to chop
> *서리서리 being rolled up   *굽이굽이 windingly; meanderingly

(1) (가)~(다)는 황진이의 작품입니다. 이 작품들에 대한 감상 중 옳지 <u>않은</u> 것을 골라 봅시다.

　① (가) 작품 속 인물은 사랑하는 사람을 떠나보낸 것을 후회하고, 임이 떠난 후 더욱 간절해지는 그에 대한 그리움을 솔직하게 표현하고 있다.

　② (나)는 임이 없는 동짓달 밤을 베어서 아껴 두었다가 임이 오는 날 밤을 굽이굽이 늘이겠다는 생각이 신선하며, 임을 향한 애틋한 기다림을 호소력 있게 표현한 시이다.

　③ (다) 작품은 자신이 잘못한 것이 없음을 당당히 말하면서도, 가을바람에 떨어지는 나뭇잎 소리가 주인공이 오는 소리인가 하고 기대하는 모습을 보임으로써 임이 오지 않음을 안타까워하는 마음을 잘 드러내고 있다.

　④ (가)~(다)와 같이 주로 남녀 사이의 사랑을 노래한 황진이의 작품들은 소극적이고 수동적인 면모를 보여, 유교적 이념으로부터 벗어나지 못했음을 알 수 있다.

(2) 5번에 제시된 작품과 비교하여 감상해 봅시다.

7. 다음 기사문을 읽고, 빈칸에 들어갈 알맞은 말을 써 보세요.
Read the following article and fill in the blanks with the appropriate words.

> ### 우주에서 만나는 두 여성, 금성 분화구에 이름 붙어
>
> 금성은 우주에서 지구와 가장 가까이 있는 *행성으로, 지구에서 태양과 달 다음으로 밝게 보인다. 금성에는 900여 개의 분화구가 있는데, 국제천문연맹은 이 분화구들에 세계에서 명성을 떨친 여성들의 이름을 붙이고 있다.
>
> 1993년에는 한국의 역사 인물들 가운데 조선 전기에 예술가의 길을 걸었다는 공통점을 가진 두 여성의 이름이 붙어 주목을 끈다. 이들은 바로 〈초충도〉 등의 그림으로 유명한 (   )와/과 〈청산리 벽계수야〉 등의 시조를 지은 (   )이다.
>
> 두 사람이 세상을 떠난 지 400년이 훌쩍 넘었음에도 그들이 남긴 작품들이 계속해서 사람들에게 영향을 끼친다는 점에서, 지금까지도 빛나는 이름으로 남게 된 것은 아닐까.
>
> ---
> *행성 planet

8. 다음 글을 읽고, 빈칸에 들어갈 알맞은 말을 써 보세요.
Read the following passage and fill in the blanks with the appropriate words.

> 조선 사회의 전통적이고 (   )적인 분위기 속에서 신사임당과 황진이처럼 활발하게 사회 활동을 이어 나간 여성들이 있었다. 그 예로 허난설헌은 200여 개가 넘는 시와 수필 등을 남겼고, 의술 방면에서 대장금이 의녀로서 임금의 주치의로 활약했으며, 상민 신분의 김만덕은 사업가이자 사회 활동가로서 굶주린 백성들을 도와주었다. 이들 모두는 성 역할에 대한 사회적 (   )을 깨고 자신의 삶을 펼친 인물들이다.

Activity **2-1**
활동

Speak!

한국 지폐에 최초로 등장한 여성은 5만 원권에 그려진 신사임당입니다. 그 이유를 조사하여 이야기해 보세요.

Sin Saimdang was the first woman who appeared on the 50,000 won Korean bill. Research and discuss the reasons why.

Activity **2-2**
활동

Write!

여러분이 한국 지폐에 등장할 여성 인물을 꼽는다면 누구일지, 그 이유와 함께 주장하는 글을 써 보세요.

What female character would you choose for Korean bills? Write about why you select the person.

Activity **3-1**
활동

Think More!

과거, 여러분 지역에서 시대에 따른 사회적 통념 혹은 성 역할에 대한 편견 등을 살피고 이에 맞선 인물이 있는지, 그에 따라 어떤 변화가 있었는지 조사해 보세요.

Search for past social norms or stereotypes about gender roles in your region. Find out whether there were people who stood against them and what changes occurred.

Activity 활동 3-2

Make a Presentation!

활동 3-1의 조사를 바탕으로 현재 사회에서 문제시되는 사회적 편견에는 어떤 것들이 있는지 살피고, 이에 대한 극복 방안을 함께 발표해 보세요.

Based on Activity 3-1, examine what social prejudices are problematic in modern society and think about the solutions. Then, make a presentation.

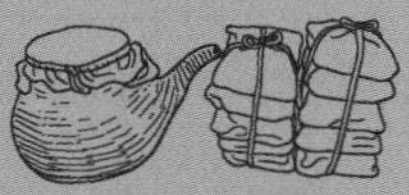

3장
Chapter 3

이순신과 유성룡

Politics and Leadership:
Yi Sun-sin and Yu Seong-ryong

학습 목표

① 공동체가 위기에 처했을 때 발현되는 리더십의 중요성을 배울 수 있다.

② 전쟁사를 통해 인류 공동의 이익을 위한 평화 유지에 이바지한 사람들의 태도를 본받을 수 있다.

Activity
활동 **1-1**

Talk about It!

세계 역사에 기록된 많은 전쟁은 인간의 흥망성쇠를 보여 줍니다. 인류 역사를 바꾼 전쟁을 살펴보고, 그 전쟁이 어떤 변화를 가져왔는지 함께 이야기해 보세요.

Many wars recorded throughout world history demonstrate the rise and fall of humanity. Examine wars that have affected the course of human history and discuss the changes they have brought about.

Activity 활동 1-2

Talk about It!

세계 전쟁사에서 이름난 리더를 떠올려 보세요. 그 리더가 이름을 떨친 이유를 생각해 보고, 본받을 점이 있다면 함께 이야기해 보세요.

Think about renowned leaders in the history of global wars. Talk about why they are famous and what aspects of them we should follow.

1 십만양병설 Proposal to Raise 100,000 Soldiers

조선은 1392년 나라를 세운 후 약 200여 년 동안 다른 나라와의 큰 전쟁 없이 평화로운 시기를 보내고 있었다. 그러나 1592년 임진왜란이 일어날 즈음, 나라는 기존 권력을 쥐고 있던 관리들과 새롭게 관직에 진출한 관리들 사이의 갈등이 심해져 정치적 혼란을 겪게 되었다. 이들은 여러 차례 갈등을 거친 후, 권력을 장악한 세력이 둘로 갈라져 동인과 서인이라는 붕당(정치적·학문적 입장을 함께하는 집단)을 형성하였다. 이들은 건전한 비판과 상호 견제로 정치를 이끌어 갔으나, 일본의 침입 가능성에 대해서는 서로 다른 의견을 내놓고 대립하며 적절히 대응하지 못했다.

한편, 조선의 수도 한양을 중심으로 중앙과 동서남북 5위를 방위하던 강력한 중앙 군사 체제가 상당히 약해져 있었다. 16세에서 60세에 이르는 모든 남자가 의무적으로 군대에 가야 했으나, 농사지을 노동력이 부족하여 세금으로 대신할 수 있게 되자 군역을 기피하였다. 그런데 조선의 지배층인 양반은 나랏일을 한다는 이유로 군대에 가는 의무를 면제받았고, 관직에서 물러난 후에도 군역을 맡지 않아 백성들이 감당해야 할 몫이 더욱 커졌다. 이에 도망치는 백성이 많아지면서 조선의 군사력은 더욱 취약해졌다. 이런 상황에서 정치가이자 학자였던 율곡 이이가 국방을 책임지는 병조판서로서 1583년 당시의 왕 선조에게 10만의 군사를 양성하자는 십만양병설(十萬養兵說)을 제시하였다.

"미리 10만 명의 군사를 양성하여 위급한 일에 대비하십시오. 그렇지 않으면 10년이 지나지 않아 흙이 무너지듯 화(禍)가 있을 것입니다."

이이가 죽은 뒤, 100여 년간 분열되어 있던 일본이 통일되고 조선을 침략할지도 모른다는 소문이 돌았다. 조정에서는 일본으로 통신사를 보내 조사하도록 하였으나, 일본에 다녀온 이들의 보고가 서로 달랐다. 서인이었던 황윤길은 조선으로 곧 쳐들어올 것처럼 보이니 전쟁에 대비할 것을 주장하였으나, 동인이었던 김성일은 일본의 허세일 뿐 침략 가능성이 높지 않다며 이에 반대하였다. 이들의 토론은 성과 없이 끝났고, 1년 뒤인 1592년 조총을 비롯한 신무기로 무장한 일본의 20만여 명이 넘는 대군이 조선을 침략하였다(임진왜란).

After its founding in 1392, Joseon maintained a period of peace, not engaging in major wars with other countries for about 200 years. However, around the time the Imjin Waeran broke out in 1592, the country experienced political turmoil as the conflict intensified between the government officials who had previously held power and those who started their careers in government posts. After going through multiple conflicts, the group that held authority split into two, forming the Dongin and the Seoin(groups with common political and academic positions). They led politics with sound criticism and mutual checks, but when it came to the possibility of a Japanese invasion, they expressed differing opinions and, at odds with one another, failed to respond appropriately.

In terms of military power, the early Joseon Dynasty's strong central military system, which centered on the capital Hanyang(present Seoul) and defended five regions: central, east, west, south, and north. was also greatly weakened. All men between the ages of 16 and 60 were required to serve in the military, but due to a lack of agricultural labor, military service was avoided when it could be replaced with taxes. However, those who belonged to Yangban, the ruling nobility class of Joseon, were exempt from obligatory military service because they were involved with national affairs, and they did not take on military service even after resigning from official positions, increasing the burden on the people. As more people fled, Joseon's military force became more vulnerable. Regarding this situation, Yulgok Yi I, a politician and scholar, suggested 'proposal to raise 100,000 soldiers' to King Seonjo in 1583 as a military advisor in charge of national defense saying,

"Raise 100,000 soldiers in advance and prepare for emergencies. Otherwise, in less than 10 years, disaster will be akin to the soil collapsing."

After Yi I's death, rumors circulated that Japan, which had been divided for over 100 years, might unify and seize Joseon. The Royal Court sent envoys to Japan to investigate, but the reports of those who visited Japan differed from the rumors. Hwang Yun-gil, who belonged to the Seoin, argued in favor of preparing for war because it seemed like Japan would soon invade Joseon, but Kim Seong-il, who belonged to the Dongin, opposed this, saying that it was just Japan's bluff and that the chances of an invasion were low. Their argument ended with no outcome, and one year later, in 1592, a large Japanese army of over 200,000 men armed with new weapons, including rifles, attacked Joseon(Imjin Waeran).

1. 다음 설명에 공통으로 해당하는 인물을 본문에서 찾아 써 보세요.
Read the following passage and fill in the blanks with the appropriate person from the text.

- (   )은/는 "나라가 오랫동안 태평하다 보니 군대와 식량이 모두 준비되어 있지 않아, 오랑캐가 변두리에서 소란하게만 하여도 온 나라가 술렁입니다. 지금과 같다면 큰 적이 침입해 올 때 어떤 지혜로도 당해 낼 수 없을 것입니다. … 10만의 군사를 키워야 합니다."라고 선조에게 아뢰었다.
- 현재 한국의 5천 원권 지폐에는 율곡 (   )의 얼굴이 그려져 있다.

2 임진왜란의 시작과 전개 Beginning and Development of the Imjin Waeran

조선 건국 이후 일본은 오래도록 세력 다툼을 이어 가다가, 1590년에 도요토미 히데요시[豐臣秀吉]가 전국을 통일함으로써 새로운 시대를 열게 되었다. 그는 불만 세력의 관심을 밖으로 돌리고자 조선과 중국의 명나라를 정복하려는 계획을 세우고, 명나라를 정벌하러 가기 위한 길을 빌려 달라[정명가도(征明假道)]고 요구하였으나 조선이 허락하지 않자 조선을 침략하였다.

1592년 4월 일본의 전투선 700여 척이 부산을 공격하면서 임진왜란이 시작되었다. 조선군은 있는 힘을 다해 맞서 싸웠으나, 오랜 전쟁 경험을 가지고 서양식 신무기인 조총으로 무장한 일본군의 거침없는 공격을 막아 내지는 못하였다. 일본군은 부산의 부산진에 이어 동래부를 함락하고, 20일도 지나지 않아 조선의 수도인 한양까지 차지하였다. 이에 선조는 궁궐과 백성을 남겨 두고 한양을 떠나 평양을 거쳐 의주로 피란하였으며, 명나라에 지원군을 요청하였다.

이때 이순신 장군이 이끄는 조선 수군이 옥포 해전을 시작으로 한산도 대첩 등 연이어 일본군을 무찌르면서 전쟁의 양상을 바꾸었다. 그리고 조선이 무너지면 일본군이 곧바로 침입해 올 것을 염려한 명나라가 조선에 지원군을 보내, 조선과 명나라의 연합군이 평양성을 되찾기에 이른다. 한편, 권율은 행주산성에서 일본군을 크게 무찔렀다.

전세가 불리해진 일본군은 남해안 지역까지 후퇴한 후 휴전을 제의하였다. 그러나 약 3년 동안 이어진 휴전 회담에서 의견이 모아지지 않자, 일본군은 1597년 조선을 다시 침략하였다(정유재란). 재침략에 대비하고 있던 조선군은 이를 막아 냈고, 이순신은 명량 대첩의 승리로 전세를 유리하게 이끌었다. 이후 1598년 도요토미 히데요시가 죽고 일본군이 철수하면서 7년간의 긴 싸움은 끝이 났다.

Japan had struggled for power for a long while since the founding of Joseon, but in 1590, Toyotomi Hideyoshi ushered in a new era by unifying the country. To divert the attention of the discontented forces, he devised a plan to conquer Joseon and the Ming Dynasty of China. He asked Joseon for a path under the excuse of conquering the Ming Dynasty(Jeongmyeonggado). However, Joseon did not accept his proposal, and he invaded Joseon.

In April 1592, approximately 700 Japanese battle ships attacked Busan, marking the start of the Imjin Waeran. The Joseon army fought back with all its might but could not stop the relentless attacks of the Japanese army, which had extensive war experience and was armed with rifles, a new Western-style weapon. Following Busan-jin, the Japanese army captured Dongnaebu, and within not even 20 days, they occupied Hanyang, the capital of Joseon. In response, King Seonjo departed from Hanyang, leaving the palace and his people behind, fled to Uiju via Pyeongyang, and requested reinforcements from the Ming Dynasty.

At this time, the Joseon navy, led by Admiral Yi Sun-sin changed the course of the war through consecutive victories against the Japanese army, starting with the Battle of Okpo and the Battle of Hansando. Additionally, the Ming Dynasty, concerned that Japanese troops would immediately invade if Joseon collapsed, sent reinforcements to Joseon, and the combined forces of Joseon and the Ming Dynasty recaptured Pyeongyangseong Fortress. Meanwhile, Kwon Yul greatly defeated Japanese troops at the Haengjusanseong Fortress.

With the war no longer in their favor, the Japanese army retreated to the southern coastal area and proposed a ceasefire. However, as no agreement was reached after about three years of truce talks, the Japanese army invaded Joseon again in 1597(Jeongyu Jaeran). The Joseon army, which had been getting ready for a re-invasion, prevented the attack, and Yi Sun-sin turned the tide of the war in his favor with the victory of the Battle of Myeongnyang. Afterwards, Toyotomi Hideyoshi died in 1598, and the Japanese army withdrew, ending the seven-year-long battle.

〈동래부 순절도(東萊府殉節圖)〉
Dongnaebu Sunjeoldo
(The Patriotic Martyrs at the Battle of Dongnaebu Fortress)

임진왜란이 시작된 부산 동래부에서 조선군과 일본군의 싸움을 그림 그림이다. 오른쪽 성벽 아래 일본군이 '길을 빌려 달라[假我途]'는 목패를, 왼쪽 성벽 아래 조선군이 '길을 빌려주기는 어렵다[假途難]'는 목패를 각각 던져 두었다.
ⓒ 육군사관학교 육군박물관

1. 일본의 도요토미 히데요시가 조선을 침략한 이유를 본문에서 찾아 써 보세요.
   Find and write why Toyotomi Hideyoshi invaded Joseon from the text.

2. 명나라가 조선에 군대를 보내기로 결정한 이유를 본문에서 찾아 써 보세요.
   Find and write why the Ming Dynasty decided to send troops to Joseon from the text.

1. 일본을 통일하면서 생긴 불만 세력의 관심을 밖으로 돌리고, 명나라를 침입하기 위해서이다.
2. 일본군이 조선을 침략하고 나면 곧바로 명나라까지 침입할 것을 걱정했기 때문이다.

<table>
<tr><td>3</td><td>임진왜란 3대 해전: 한산도 대첩, 명량 대첩, 노량 해전
The Three Major Naval Battles of the Imjin Waeran:
Battle of Hansando, Battle of Myeongnyang, and Battle of Noryang</td></tr>
</table>

〈사천해전도〉
Sacheonhaejeondo
(The Painting of the Battle
of Sacheon)

이순신이 경상남도 사천 앞바
다에서 일본군을 무찌른 싸움
을 그린 것으로, 이 해전에서
거북선을 처음 사용하였다. 이
를 시작으로 조선 수군은 한
산도에서 크게 승리함으로써
전세를 역전시켰다.
ⓒ 국가유산청

임진왜란 초반에 조선군은 힘겨운 싸움을 치렀으나, 이순신이 이끄는 조선 수군의 대활약으로 전세를 역전시켜 승리할 수 있었다. 특히 수적 열세에도 불구하고 뛰어난 전략으로 일본군의 수많은 군함에 맞서 싸워 크게 이긴 3대 해전, 즉 '한산도 대첩, 명량 대첩, 노량 해전'은 임진왜란을 승리로 이끄는 데 큰 영향을 끼쳤다.

한산도 대첩은 임진왜란 초인 1592년 한산도에서 치른 해전이다. 이순신은 일본의 전투선 70여 척이 통영과 거제 사이의 해협으로 들어갔다는 정보를 듣고, 좁고 암초가 많은 지형 특성상 배들이 재빨리 움직이지 못하는 점을 이용하였다. 이순신은 일본 전투선을 한산도 앞바다로 유인했고, 거북선을 앞세워 학이 날개를 편 모양으로 전투선을 배치하는 학익진(鶴翼陣) 전술을 썼다. 조선 수군은 양쪽에서 좁혀 들어오며 적의 배들을 둘러싸기에 효과적인 이 전술로써 큰 승리를 거두었다.

명량 대첩은 1597년 명량 해협에서 조선의 판옥선 13척으로 일본 군함 133척과 싸워 압도적인 승리를 거둔 해전이다. 이순신은 전라남도 해남과 진도 사이에 있는 좁은 바다인 울돌목(명량 해협)의 지형 특성상 바닷물의 흐름이 빠르다는 점을 이용했다. 조선 수군은 좌우로 길게 'ㅡ' 자 모양으로 뻗어 전투선을 배치하는 일자진(一字陣) 전술로 다시 한번 큰 승리를 거두었다.

노량 해전은 1598년 조선과 명나라의 수군들이 노량 해협에서 일본군을 크게 무찌른, 임진왜란의 마지막 해전이다. 이 싸움에서 500여 척의 일본 전투선 중 대부분을 침몰시키거나 부수었고, 일부는 조선군이 사로잡았으며, 50여 척의 배만이 겨우 달아났다고 전해진다. 이순신은 이들 도망가는 일본군을 끝까지 추격하다가 총에 맞아 전사하였다.

At the start of the Imjin Waeran, the Joseon army fought an arduous battle, but thanks to the great performance of the Joseon navy led by Yi Sun-sin, they were able to reverse the circumstances and achieve victory. Thanks to their outstanding strategy, the Joseon army achieved a great victory against the Japanese army's numerous battle ships despite being outnumbered. Three major naval battles in particular, namely, the Battle of Hansando, the Battle of Myeongryang, and the Battle of Noryang, strongly influenced Joseon's victory in the Imjin Waeran.

The Battle of Hansando was a naval battle that took place in Hansando at the beginning of the Imjin Waeran in 1592. Upon being informed that about 70 Japanese battle ships had entered the strait between Tongyeong and Geoje, Yi Sun-sin took advantage of the fact that the ships could not move quickly due to the narrow, rocky underwater terrain. Yi Sun-sin lured the Japanese battle ships to the waters on the coast of Hansando and used the crane-wing strategy, arranging the battle ships in the shape of a crane with its wings spread, with the turtle ship at the forefront. The Joseon navy accomplished a great victory with this tactic, which was effective for surrounding enemy ships by narrowing in on them from both sides.

The Battle of Myeongnyang is a naval battle in which the Joseon navy fought 133 Japanese ships with 13 Panokseon in the Myeongnyang Strait in 1597 and won an overwhelming victory. Yi Sun-sin took advantage of the fast flow of sea water due to the geographical characteristics of Uldolmok(Myeongnyang Strait), a narrow sea between Haenam and Jindo in Jeollanam-do. The Joseon navy achieved a great victory once again using its straight-line strategy of deploying battle ships in a long '—' shape on the left and right.

In the Battle of Noryang , the last naval battle of the Imjin Waeran in 1598, the naval forces of Joseon and the Ming Dynasty conquered the Japanese army in the Noryang Strait. It is said that in this battle, the majority of the 500 Japanese battle ships were sunk or destroyed, some were seized by the Joseon army, and only about 50 ships managed to escape. Yi Sun-sin's relentless pursuit of the fleeing Japanese ships continued until he was fatally shot in battle.

1. 임진왜란을 승리로 이끄는 데 큰 영향을 끼친 해전의 이름을 아는 대로 써 보세요.
Write the names of the naval battles that led to Joseon's victory in the Imjin Waeran.

2. 한산도 대첩과 명량 대첩에서 이순신이 사용한 전술이 무엇인지 순서대로 써 보세요.
Write the strategies in order used by Yi Sun-sin in the Battle of Hansando and the Battle of Myeongnyang.

1. 한산도 대첩, 명량 대첩, 노량 해전 2. 학익진, 일자진

4 판옥선과 거북선 Panokseon and Turtle Ship

〈전함도(戰艦圖)〉 일부분
A Part of *Jeonhamdo*
(The Painting of Battle Ships)

작자 미상의 이 전함도에서 파란색을 칠해 철갑을 표현한 거북선을 찾아볼 수 있다.
ⓒ 국립중앙박물관

판옥선은 조선 시대 수군의 대표적인 전투선으로, 배의 지붕을 판판하고 넓은 나뭇조각으로 덮은 형태였다. 바닥이 평평해서 배의 방향을 돌리기 쉬웠고, 2층으로 만들어져 일본군이 기어올라 그들에게 유리한 칼싸움을 하기 어려운 동시에, 조선군이 위에서 아래를 향해 활을 쏘기 적합했다.

한편 거북선은 이순신이 거북 모양을 본떠 만든 배로, 판옥선 위에 칼과 송곳이 꽂힌 철판 덮개를 씌운 세계 최초의 철갑선이다. 거북선은 머리 쪽에 대포를 설치하고, 옆구리와 꼬리 쪽에는 사방으로 총을 쏠 수 있는 구멍을 내어 두었다. 사천 해전에 처음 등장한 거북선은 임진왜란 때 돌격선으로서 조선 수군이 승리하는 데 큰 역할을 하였다.

Panokseon was one of the Joseon naval forces' signature battle ships. Its roof was made of planks and covered with wide pieces of wood. The bottom was flat, making the ship easy to turn, and it consisted of two stories, which made it challenging for Japanese army to climb up and gain an advantage through sword fights but allowed the Joseon army to shoot arrows downward from the top of the ship.

Meanwhile, Turtle Ship, built by Yi Sun-sin in the shape of a turtle, was made by covering Panokseon with iron plates with swords and awls stuck into them, making it the world's first ironclad ship. It had a cannon installed on its head, and guns could be fired in all directions from the holes left in its sides and tail. First appearing in the Battle of Sacheon, Turtle Ship was an assault ship that played a major role in the success of the Joseon navy throughout the Imjin Waeran.

1. 임진왜란 당시 조선의 대표적인 전투선에는 어떤 것들이 있나요? 그 특징과 함께 써 보세요.
Which battle ships were prominent during the Imjin Waeran? Write about their characteristics.

2. 거북선이 처음 등장한 해전의 이름을 써 보세요.
Write down the name of the naval battle in which Turtle Ship first appeared.

(   ) 해전

1. 판옥선: 바닥이 평평해서 배의 방향을 돌리기 쉽고, 2층 구조여서 일본군이 올라타기 어려웠다.
/ 거북선: 칼과 송곳이 꽂힌 철판 덮개를 씌웠고 대포를 설치했으며 사방에 총을 쏠 수 있는 구멍을 내었다.   2. 사천

5 《난중일기》와 《징비록》 *Nanjung Ilgi* and *Jingbirok*

《난중일기》는 이순신이 임진왜란 시기인 1592년부터 1598년까지의 7년간 전쟁 중의 생활을 직접 기록한 일기이다. 주로 전쟁 동안의 생활과 국가 정책에 관한 솔직한 마음, 전투 상황과 수군 통제에 관한 방법, 지형에 대한 연구가 담겨 있다. 또 부하들에게 준 상과 벌, 왕에게 올리는 전쟁 상황 보고서 등이 함께 실려 있다. 이는 해전에 관한 기록적 가치를 인정받아, 2013년 유네스코 세계 기록 유산에 등재되었다.

《징비록》은 임진왜란 당시 영의정이었던 유성룡이 잘못을 반성하여 뒷날을 대비[징비(懲毖)]하고자 벼슬에서 물러나 있을 때, 임진왜란 시기 7년을 기록한 책이다. 전쟁 전 일본과의 관계, 전쟁 발발과 진행 상황 등이 담겨 있으며, 전쟁을 막지 못한 분한 마음과 반성, 이순신 천거, 이순신의 승전과 최후 등으로 구성되어 있다. 전란을 총지휘한 최고 책임자가 직접 남긴 기록으로서 임진왜란 연구에 중요한 자료로 평가받고 있으며, 1695년 일본에서 《조선 징비록》으로 번역 출판되어 큰 인기를 끌었다.

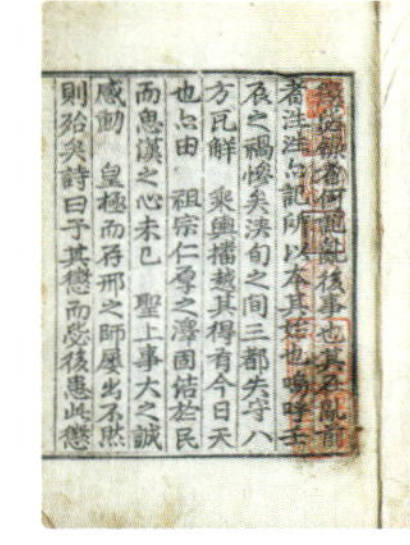

유성룡, 《징비록》
Yu Seong-ryong,
Jingbirok
ⓒ 국립중앙박물관

Nanjung Ilgi(War Diary)is a diary written by Admiral Yi Sun-sin himself that documents his life during the seven years of the Imjin Waeran from 1592 to 1598. It mainly consists of his experiences during the war, candid thoughts on national policies, methods for controlling naval forces during battle, and research on geographical terrain. The diary also covers rewards and punishments given to his subordinates, as well as reports on the war that were submitted to the king. Recognized for its historical value regarding naval battles, *Nanjung Ilgi* registered in UNESCO's Memory of the World in 2013.

Jingbirok(The Book of Correction) is a book in which Yu Seong-ryong, who held the position of Yeong-ui-jeong during the Imjin Waeran, recorded the seven years of the Imjin Waeran after stepping down from his official position after the Imjin Waeran to prepare for the future by reflecting on the war. In addition to discussing Joseon's relationship with Japan before the war and the outbreak and progress of the war, *Jingbirok* consists of Yu Seong-ryong's feelings of resentment and reflections on not being able to prevent the war. It also contains his recommendation of Yi Sun-in and depicts both Yi Sun-sin's victory and final moments. As a record left by the chief executive who led the war, this book is considered an important resource for the study of the Imjin Waeran. It gained great popularity after being translated and publisihed in Japan in 1695 as *Joseon Jingbirok*.

1. 《난중일기》와 《징비록》의 저자는 각각 누구일까요?
Who are the authors of *Nanjung Ilgi* and *Jingbirok*, respectively?

1. 이순신, 유성룡

6 선조와 원균 King Seonjo and Won Gyun

삼도 수군통제영
Navy Headquarters of
Three Provinces

조선 후기 경상남도 통영 지도
에서 경상도·전라도·충청도
의 수군을 통솔하는 해상 방
어 총사령부인 삼도 수군통제
영(○ 표시)을 찾아볼 수 있다.
ⓒ 국가유산청

선조는 조선의 제14대 왕으로, 임진왜란 당시 조선을 통치하고 있었다. 선조는 전란 전 유학을 장려하고 인재를 등용하는 등 합리적으로 통치했으나, 일본의 침략을 예상하지 못했고 전쟁이 일어나자 수도를 버리고 피란했으며, 전쟁에서 수많은 공을 세우던 이순신을 견제하는 모습을 보이면서 전쟁의 피해를 키웠다는 평가를 받고 있다.

원균은 임진왜란 때 경상 우수사의 관직에 있었던 무신(군에 소속된 관리)이다. 이순신의 도움을 받아 여러 해전을 승리로 이끌었으나, 이순신이 삼도 수군통제사로 임명되자 크게 반발하며 이순신을 모함하기에 이른다. 이후 이순신이 조정의 명령을 거역했다는 이유로 끌려가자, 그를 대신해 삼도 수군통제사가 되었다. 그리고 무리한 작전을 펼치다가 칠천량 해전에서 크게 패하며 전사하였다. 이 패배로 조선 수군은 대규모 병력 손실과 함께 큰 피해를 입었다.

King Seonjo was the 14th king of the Joseon Dynasty, reigning over Joseon during the Imjin Waeran. Although he governed rationally, encouraging Confucianism and recruiting talented individuals, King Seonjo failed to anticipate Japan's invasion, abandoning the capital and fleeing as soon as the war broke out. He also restrained Admiral Yi Sun-sin, who made numerous contributions during the war, and received criticism that he was exacerbating the damage caused by the war.

Won Gyun was a Musin(military officer) who oversaw the naval forces in Gyeongsang Province during the Imjin Waeran. Assisted by Admiral Yi Sun-sin, he carried Joseon to several naval victories. However, after Yi Sun-sin was appointed as Commander of the Three Provinces' Naval Forces, Won Gyun vehemently opposed and plotted against him. When Yi Sun-sin was subsequently summoned for disobeying royal orders, Won Gyun was designated as his replacement. Using unreasonable strategies, Won Gyun suffered a major defeat and perished in the Battle of Chilcheollyang. This defeat resulted in a great deal of losses for the Joseon naval forces, including massive casualties.

1. 임진왜란 당시 조선의 왕은 누구일까요?
Who was the king of Joseon during the Imjin Waeran?

2. 원균이 크게 패한 해전의 이름을 써 보세요.
Write down the name of the battle in which Won Gyun suffered a major defeat.

(   ) 해전

1. 선조 2. 칠천량

7　임진왜란 후 17세기 조선 Joseon in the 17th Century after the Imjin Waeran

17세기 초에 동아시아의 새로운 강자로 등장한 중국의 후금(後金)이 명나라를 공격하자, 명나라는 조선에 군사 지원을 요청했다. 이때 조선의 광해군은 중립 외교를 펼쳐서 후금의 침략을 피하고자 하였다. 그러나 임진왜란 때 조선을 도운 명나라에 의리를 지켜야 한다고 주장하는 사람들이 광해군을 내쫓고, 인조를 새로운 왕으로 삼았다(인조반정). 인조는 명나라를 가까이하고 후금을 멀리하는 정책을 펼쳤고, 후금은 조선을 침략하기에 이른다. 이것이 1627년에 일어난 정묘호란이다.

1636년 후금은 나라 이름을 청으로 바꾸고, 명나라를 공격하기 전에 후방의 안전을 확보할 목적으로 다시 조선을 침공해 병자호란을 일으켰다. 병자호란은 전쟁 기간이 짧았음에도, 전쟁 포로로 수십 만의 조선 백성이 청나라로 끌려가는 등 피해가 컸다.

정묘호란과 병자호란을 거치면서 조선 후기 사회는 현실적으로 큰 나라인 청나라를 섬기면서도 이념적으로는 명나라에 대한 의리를 지키는 소중화론이 형성되었다.

When Hugeum of China, a newly emerging powerhouse in East Asia in the early 17th century, attacked the Ming Dynasty, the Ming Dynasty called for military backing from Joseon. At this time, Gwanghaegun of Joseon attempted to avoid the invasion of Hugeum through the practice of neutral diplomacy. However, those who insisted on being loyal to the Ming Dynasty, which had helped Joseon throughout the Imjin Waeran, ousted Gwanghaegun and declared Injo the new king(Injo Banjeong: Injo Coup). King Injo implemented a policy of staying close to the Ming Dynasty and away from Hugeum, which resulted in the Hugem's invasion of Joseon. This is the Jeongmyo Horan that arose in 1627.

In 1636, Hugeum changed the country's name to Qing and invaded Joseon again, with the purpose of securing the safety of the rear before attacking the Ming Dynasty, leading to the Byeongja Horan. Although the war lasted for only a short period of time, the Byeongja Horan brought about great damage, with hundreds of thousands of Joseon people being taken to the Qing Dynasty as prisoners of war.

While experiencing the Jeongmyo Horan and the Byeongja Horan, the society of the late Joseon Dynasty formed an ideology called Sojunghwaron(Little Sinocentrism) that served the large country of the Qing Dynasty in reality while ideologically remaining loyal to the Ming Dynasty.

1.　병자호란이 일어난 이유를 본문에서 찾아 요약해 보세요.
　　Find and summarize why the Byeongja Horan occurred from the text.

1. 청나라가 명나라를 공격하기 전에 후방의 안전을 확보할 목적으로 먼저 조선을 침략했다.

정치와 리더십:
이순신과 유성룡

1

1 　이순신(1545~1598)은 27세에 무관을 뽑는 시험인 무과에 응시하였다가 말이 거꾸러지는 바람에 다리를 다치게 된다. 그럼에도 불구하고 시험을 끝까지 치렀으나 결국 낙방하고, 4년 뒤에야 무과에 합격하여 관직에 올랐다. 함경도를 첫 근무지로 삼아 뛰어난 리더십을 보여 준 이순신은 46세인 1591년 2월, 유성룡의 추천으로 5 수군으로서 가장 높은 자리 중 하나인 전라좌도 수군절도사(전라 좌수사)가 되었다. 이로부터 약 14개월 후 임진왜란이 일어났고, 이순신은 옥포 해전·사천 해전·한산도 대첩 등에서 큰 승리를 거두며 조선의 서남해안을 지켜 냈다.

　선조는 임진왜란이 발발한 1년 후인 1593년 경상도·전라도·충청도의 수군을 지휘하는 '삼도 수군통제사'라는 관직을 처음 만들어 일본 수군을 크게 무찌른 이순 10 신에게 그 자리를 맡겼다. 삼도의 수군을 통솔하는 총사령관이 된 이순신이었지만,

- 무관 military officer
- 거꾸러지다 to fall down
- 낙방하다 to fail; to flunk
- 관직 government position
- 리더십 leadership
- 전라좌도 left province of Jeollado
- 대첩 battle
- 서남해안 southwest seashore
- 삼도 three provinces
- 맡기다 to entrust

- 무과 military service examination
- 불구하다 nevertheless
- -에야 only at
- 근무지 workplace
- 추천 recommendation
- 수군절도사 naval officer
- 승리 victory; win
- 발발하다 to break out
- 수군통제사 commander of naval force
- 통솔하다 to command; to direct

- 응시하다 to enter for an examination
- 치르다 to take an exam
- 합격하다 to pass; to get through
- 삼다 to be based on; to make
- 수군 naval forces; navy
- 해전 naval battle
- 거두다 to achieve; to gain
- 지휘하다 to lead
- 무찌르다 to beat; to defeat
- 총사령관 commander-in-chief

모함 탓에 관직에서 물러나 벼슬 없이 전투에 나가는 백의종군(白衣從軍)을 하기도
하였다. 이후 일본군과의 전투에서 원균이 지휘하던 조선 수군이 연이어 패하고 원
균도 전사하자 급박해진 조정은 1597년 이순신을 다시 삼도 수군통제사로 임명했고,
이순신은 명량 대첩을 승리로 이끌었다. 그리고 1598년 일본과의 마지막 전투인 노
15 량 해전에서 전사할 때까지 임진왜란과 정유재란의 많은 전투에서 크게 승리했다.
　　이처럼 위기에서 조선을 구한 이순신의 힘은 어디에서 비롯된 것일까?
　　먼저, 이순신은 미리 준비하여 걱정할 것이 없도록 하는 '유비무환'의 정신으로
전쟁에 대비하며 수군 정비를 철저히 하였다. 당시 일본군의 움직임이 심상치 않음
을 염려한 이순신은 전라 좌수사가 되어 근무지에 오자마자, 무기와 군사용 식량
20 을 충분히 확보하고 군사 시설과 장비를 미리 점검하였다. 또 훈련을 강화하고, 주
력 함선인 판옥선을 재정비하면서 다가올 해전을 준비했다. 특히 일본 수군의 특징
을 연구하여 일본군을 제압할 수 있는 돌격선인 거북선을 설계하여 만들었고, 조
선 수군의 특징을 살펴 화포도 개량하였다. 명나라의 개입 이후 일본군과의 휴전
회담이 시작되어 전쟁이 잠잠해진 시기에도 이순신은 다가올 전투에 대비하였고,
25 수군의 물자 보충 등 뒤에서 도움을 주는 백성들의 생업을 위해서도 힘을 쏟았다.

- 모함 conspiracy; frame
- 백의종군 serving in a war as a commoner
- 조정 government
- 유비무환 preparedness prevents calamity
- 염려하다 to worry; to concern
- 주력 main; key
- 제압하다 to suppress; to subdue
- 화포 cannon; artillery
- 휴전 ceasefire; truce; armistice
- 백성 subject; the people

- 벼슬 government official
- 연잇다 to be continued
- 임명하다 to appoint
- 정비 arrangement
- 장비 equipment
- 함선 vessel; fleet
- 돌격선 charging ship; attacking ship
- 개량하다 to improve; to enhance
- 잠잠해진 becoming calm
- 생업 occupation

- 전투 battle; combat; fight
- 급박해진 feeling pressed
- 전사하다 to die at war
- 심상치 않음 state of being serious
- 강화하다 to reinforce; to strengthen
- 재정비하다 to reorganize; to rearrange
- 설계하다 to plan; to design
- 개입 intervention; interruption
- 물자 supplies; goods
- 힘을 쏟다 to put one's energy

　　나아가서 이순신은 뛰어난 전략가로서 해류·지형·날씨 등을 모두 살펴 조선의 수군에게 유리한 지역에서 최적의 전술을 사용하여 전투를 벌였다. 그는 일본군을 기습 공격하여 옥포 해전에서 첫 번째 승리를 함으로써 조선군에게 '이길 수 있다.'는 희망을 보여 주었고, 사천 해전에서 처음으로 거북선을 사용하여 그 위력을 보여 주었으며, 한산도 대첩에서 학익진 전술을 펼쳐 일본군을 상대로 크게 승리했다. 결과적으로 조선군은 쌀이 많이 생산되는 전라도와 충청도 지역을 보존할 수 있었고, 일본군은 군사용 식량과 군 장비 등 전쟁 물자를 보급받지 못하여 어려움에 처했다. 마침내 명량 대첩에서 바다 지형의 특성을 파악한 이순신이 빠른 바닷물을 이용한 전략으로 큰 승리를 거두면서 전쟁의 큰 흐름은 조선군에게 유리하게 바뀌게 된다.

　　무엇보다도 이순신은 사람을 아끼는 지도자이기도 하였다. 그는 자신의 공을 부하들에게 돌려 포상을 받도록 하였고, 자신의 입신보다는 조선의 승리를 더 중요하게 여기어 권율 장군에게 자신이 사용하는 무기의 일부를 제공함으로써 행주 대첩의 승리에도 기여하였다. 백성들에게는 농사지을 땅을 마련해 주고 생활용품도 마련해 머물러 살 수 있게 하였는데, 이순신이 모함을 받아 한양에 이송될 때

많은 백성이 나와 눈물을 흘린 것도 이런 면모 때문이었다. 물론 훈련을 게을리하는 병사들은 매우 엄하게 다스렸다. "죽고자 하면 살 것이고, 살고자 하면 죽을 것이다."라는 '필사즉생, 필생즉사(必死則生 必生則死)'의 정신으로 전쟁에 임하게 하였으니, 명량 대첩 당시 병사들이 겁을 먹고 움직이지 않자 이순신이 몸소 대장선 45 1척으로 적선 31척을 공격하는 위력을 보여 줌으로써 전력을 북돋우기도 하였다.

마지막으로, 이순신은 의지와 집념이 대단한 장군이었다. 1597년 조선 수군을 지휘하던 원균이 칠천량 해전에서 패전하여, 이순신이 마련해 두었던 160여 척의 전투선들 중 불과 12척만 남게 된 일이 있었다. 병사들은 육지로 올라가 도망치고 판옥선 대부분이 불타거나 일본으로 끌려가자, 조선의 수군이 약하다고 판단한 조정 50 이 이순신에게 수군을 폐지하고 육군으로 합류하라고 명령을 내렸다. 이때 이순신은 "바다와 육지의 전투와 수비 중 어느 하나도 없애서는 안 됩니다."라며 "아직도 12척의 배가 남아 있습니다. 신(臣)이 죽지 않는 한, 적이 감히 우리 수군을 업신여기지 못할 것입니다."라는 굳은 의지를 드러내며 수군에 남았다. 이러한 열악한 상황에서 다시 삼도 수군통제사로 임명된 이순신은 그의 마지막 전투인 노량 해전에 이르 55 기까지 한 명의 일본군도 일본 땅으로 돌려보낼 수 없다는 각오로 싸웠다. 유성룡이

• 면모 appearance	• 게을리하다 to neglect; to be lazy	• 병사 soldier; enlisted man
• 엄하게 strictly; rigorously	• 다스리다 to rule; to control	• 임하다 to engage
• 몸소 personally; in person	• 대장선 leading battle ship	• 척 unit for counting ships
• 전력 military strength	• 북돋우다 to boost; to encourage	• 집념 tenacity
• 패전하다 to lose a battle	• 전투선 battle ship	• 불과 just; only
• 육지 land	• 불타다 to burn; to blaze	• 끌려가다 to be dragged
• 판단하다 to judge; to decide	• 폐지하다 to abolish; to discontinue	• 합류하다 to join; to meet
• 수비 defense	• 신 subject; subordinate	• 감히 boldly; fearlessly; daringly
• 업신여기다 to look down on; to despise	• 굳은 의지 strong will	• 드러내다 to reveal; to disclose
• 열악한 poor; bad	• 돌려보내다 to send back	• 각오 determination; resolution

쓴 《징비록》에 기록되어 있듯이, 이순신은 "전투가 매우 급하니 나의 죽음을 적에게 알리지 말라."며 전투 현장에서 죽는 최후의 순간까지 굽히지 않는 의지를 보였다.

1 　조선 선조 시기의 정치가인 유성룡(1542~1607)은 24세에 유교 경전에 대한 지식을 시험하고 시문과 글을 쓰는 문과에 합격하여 문관으로 벼슬길에 올랐다. 그는 오늘날 외교부인 승문원에서 일을 시작한 이래, 중요한 관직을 두루 거쳐 나라의 정책을 최종적으로 결정하는 최고 관직인 영의정에 올랐다.

5 　유성룡은 일본인들이 떼를 지어 조선에 드나드는 상황에 주목하며 일찍이 일본군의 침략에 대비해야 한다고 생각했다. 게다가 일본을 통일한 도요토미 히데요시가 명나라를 침공할 계획이라는 소문이 조선에 퍼져 있었다. 유성룡은 일본의 움직임을 살피기 위해 일본에 통신사를 파견하려는 선조에게 동조했고, 유능한 장수를 뽑아 국방을 강화하기를 청했다. 선조는 "유성룡이 어진 선비이면서도 재주가
10 많아 신하들 중에 아주 뛰어난 자"라며 그를 믿고 일을 맡겼다. 조정이 통신사를 파견한 동안 유성룡은 발 빠르게 국방을 재정비하고 유능한 장수들을 알맞은 자리에 쓰도록 추천했다. 유성룡이 천거한 대표적 인물은 이순신과 권율로, 이들은

각각 전라 좌수사와 의주 목사로서 이후 임진왜란 때 크게 활약했다.

1591년 일본에 갔던 통신사들이 돌아와 일본 내 정세를 두고 엇갈린 주장을 하
며 정치적 입장이 다른 동인과 서인이 싸움을 벌이느라 조선에서 전쟁 대비가 늦
어지는 중에 1592년 임진왜란이 일어났다. 유성룡은 전쟁의 총책임관이 되었고,
선조와 조선 조정이 수도를 떠나 피란길에 오를 때 동행하며 명나라에 도움을 요
청했다. 이후 이순신의 활약과 명나라에서 보낸 지원군의 도착으로 조선은 반격에
나설 수 있었고, 유성룡은 이들 연합군에게 군량을 보급하며 갖은 전략을 도모하
는 한편 백성들에게 의병으로 참가하여 나라를 되찾는 데 힘쓰도록 설득했다.

한양으로 돌아온 유성룡은 선조에게 수도 경비와 군사 훈련을 담당할 훈련도감
의 설치를 건의했다. 1593년 만들어진 훈련도감은 조총을 다루고, 활을 쏘며, 칼과
창을 사용하는 군사들로 구성되어 이후 전쟁에서 큰 역할을 담당했다. 이처럼 명
과 일본이 화해 논의를 진행하는 시기에도 유성룡은 군사력과 시설, 장비를 보충
하는 데 힘을 아끼지 않았다.

1598년 임진왜란을 일으킨 도요토미 히데요시가 사망하면서 일본군이 조선에
서 철수하기 시작했을 때, 조선군이 일본군과 연합하여 명나라를 공격하려 한다

- 활약하다 to play an active role
- 주장 argument; claim
- 총책임관 chief officer
- 동행하다 to accompany
- 반격 counterattack
- 도모하다 to plan; to aim to
- 경비 guard; security
- 설치 installation
- 활을 쏘다 to shoot a bow
- 진행하다 to proceed

- 정세 situation; circumstances
- 정치적 political
- 수도 capital
- 요청하다 to request; to appeal
- 연합군 allied forces
- 의병 righteous army
- 담당하다 to be in charge of
- 건의하다 to suggest
- 화해 reconciliation
- 철수하다 to evacuate; to withdraw

- 엇갈리다 to be conflicting
- 입장 stance; position
- 피란길 refuge road; evacuation path
- 지원군 auxiliary troops; reinforcements
- 군량 military provisions
- 되찾다 to recover; to regain; to take back
- 훈련도감 Military Training Agency
- 조총 rifles
- 논의 discussion; debate
- 연합하다 to unite

는 잘못된 정보가 명나라에 보고된 사건이 생겼다. 이 사건의 실제 내용을 명나라
에 가서 밝히지 않는다는 이유로 유성룡은 관직에서 쫓겨났고, 이후 고향에서 지
30 내며 《징비록》을 썼다. 이 책에는 임진왜란의 원인과 과정, 자신의 잘못과 조정의
잘못된 정책, 백성들의 조정에 대한 비판 등의 내용이 담겨 있다.

　　이순신과 어린 시절 한 동네에서 살았던 유성룡은 《징비록》에서 이순신의 강하
고 곧은 성품을 기록하기도 하였다. 일찍이 그의 인성과 능력을 알아본 유성룡은
위기에 처한 조선의 바다를 지킬 적합한 인물로 이름이 알려지지 않은 이순신을
35 추천했고, 이순신에게 전쟁하는 방법에 대한 책과 무기 관련 정보 등을 보내 참
고하도록 하였으며, 이순신이 강하고 곧은 성격 때문에 어려움을 겪을 때 그에 대
한 지지를 아끼지 않았다. 이순신이 한산도 대첩에서 승리를 거두자 선조에게 "나
라를 다시 만들 때가 되었나이다."라고 상소문을 올리며, 승리 후의 기세를 몰아 전
쟁으로 지치고 약해진 조선을 다시 일으키려고 애썼다.

1　　이순신과 유성룡은 무와 문을 대표하여 임진왜란을 승리로 이끄는 데 큰 역할
을 함으로써 위기에 빠진 나라를 구했다. 이순신이 정치적 이익에 상관하지 않고

일본군을 물리치며 남쪽 바다를 장악하기 위해 수군들과 함께 싸우고 있을 때, 유성룡은 일본과의 전쟁을 총지휘하면서 뛰어난 상황 판단 능력과 설득의 기술로 분열된 조선을 구해 냈다. 이순신이 전쟁에 대한 준비와 전술과 지도력으로 임진왜란을 승리로 이끌었다면, 유성룡은 뛰어난 판단력으로 이순신과 같은 인물을 발굴하고 한마음으로 싸웠다.

두 사람은 임진왜란 중에 중요한 기록물을 남겼다는 점에서도 비교해 볼 만하다. 이순신이 전쟁 현장에서 《난중일기》를 쓰며 하루하루 전쟁 상황과 자신의 감상을 남겼다면, 유성룡은 《징비록》을 통해 임진왜란을 전후한 국제 정세와 전쟁의 실제 상태 그리고 전쟁이 끝난 이후의 상황까지 종합적으로 기록했다. 두 자료 모두 후세에게 많은 교훈을 준 것은 두말할 나위 없다.

임진왜란을 승리로 이끈 조선의 무기들

오랜 내전의 경험과 서양식 신무기인 조총으로 무장한 일본군은 1592년 조선 지형상 남쪽인 부산을 공격한 이래 20일 만에 조선의 허리께에 위치한 수도 한양까지 점령했다. 압도적인 일본군의 기세에 조선군은 판옥선을 개조한 거북선과 비격진천뢰(시한폭탄) 및 승자총통(총) 등의 무기로 대응하였고, 이순신의 뛰어난 전술로 해전에서부터 승리의 기세를 잡음으로써 임진왜란을 승리로 이끌었다.

① 거북선 Turtle Ship
② 비격진천뢰 Bomb Shell
③ 승자총통 Seungja Chongtong Gun
ⓒ 전쟁기념관 오픈아카이브(①), ⓒ 국립고궁박물관(②), ⓒ 국립중앙박물관(③)

❶ V+는 바람에 (because; since; as)

- 이순신(1545~1598)은 27세에 무관을 뽑는 시험인 무과에 응시하였다가 말이 거꾸러지는 바람에 다리를 다치게 된다.
  At the age of 27, while taking the exam to become a military officer, Yi Sun-sin(1545~1598) injured a leg as his horse stumbled.

- 감기에 걸리는 바람에 학교에 결석했다.
  I missed school, as I caught a cold.

- 나는 어릴 적에 이사를 자주 다니는 바람에 친구가 별로 없다.
  Because I moved frequently when I was young, I don't have many friends.

---

❷ N+에도 불구하고 // V, Adj+(으)ㄴ/는데도 불구하고 (nevertheless; even though; despite)

- 그럼에도 불구하고 시험을 끝까지 치렀으나 결국 낙방하고, 4년 뒤에야 무과에 합격하여 관직에 올랐다.
  Nevertheless, he took the exam to the end but eventually failed, and only after four years did he pass the military service exam and take up a government position.

- 그는 시간이 넉넉하지 않은데도 불구하고 준비를 마쳤다.
  He finished his preparations even though he had limited time.

- 공부를 열심히 하는데도 불구하고 성적이 오르지 않는다.
  Despite studying hard, my test score does not go up.

---

❸ 승리를 거두다 (to win / achieve / secure a victory)

- 이순신은 옥포 해전·사천 해전·한산도 대첩 등에서 큰 승리를 거두며 조선의 서남해안을 지켜 냈다.
  Yi Sun-sin won great victories in the Battle of Okpo, the Battle of Sacheon, and the Battle of Hansando, and was able to protect the southwestern coast of Joseon.

- 아시안게임 축구 결승전에서 한국이 2 대 1로 승리를 거두었다.
  In the Asian Games soccer final, Korea achieved a victory with a score of 2-1

- 우리 학교는 야구 대회 예선전에서 승리를 거두고 본선에 진출했다.
  Our school secured a victory in the preliminary round of the baseball competition and advanced to the finals.

④ N＋탓에 (because of; due to) ▶ 5장 173쪽 '⑱ 덕분에' 참고

- 삼도의 수군을 통솔하는 총사령관이 된 이순신이었지만, 모함 탓에 관직에서 물러나 벼슬 없이
  전투에 나가는 백의종군을 하기도 하였다.
  Despite the fact that Yi Sun-sin became the commander-in-chief of the three provinces' naval forces, due to
  a conspiracy, he resigned from his official position and became a white-robed soldier who went into battle
  without a government post.

- 추운 날씨 탓에 가게에 오는 손님이 적었다.
  Due to the cold weather, there were few customers coming to the store.

- 나의 쓸데없는 자존심 탓에 사실대로 말하지 못했다.
  Due to my useless pride, I couldn't speak the truth.

---

⑤ 승리로 이끌다 (to lead to victory; drive to victory; to carry to a victory)

- 이순신은 명량 대첩을 승리로 이끌었다.
  Yi Sun-sin led the Battle of Myeongnyang to victory.

- 박 감독이 이번 대회에서 우리 팀을 승리로 이끌었다.
  Head coach Park carried our team to victory in this competition.

- 이번 경기를 승리로 이끌기 위해 코치는 쉬는 날도 없이 맹렬하게 훈련했다.
  To drive the team to victory in this match, the coach relentlessly trained them, without even taking a day off.

---

⑥ N＋에 대비하다 (to prepare for; to get ready for; just in case)

- 이순신은 미리 준비하여 걱정할 것이 없도록 하는 '유비무환'의 정신으로 전쟁에 대비하며 수군
  정비를 철저히 하였다.
  With the spirit of 'preparedness prevents calamity,' Yi Sun-sin thoroughly arranged his navy in preparation
  for war.

- 올여름 장마에 대비하고자 집 주변을 살펴보았다.
  I looked around my house to get ready for the rainy season this summer.

- 내 친구는 만일에 대비하여 가방에 온갖 물건을 가지고 다닌다.
  My friend carries an assortment of things in his bag just in case.

❼ N+이/가 심상치 않다 (to be unusual; to be uncommon; to be serious)

- 일본군의 움직임이 심상치 않음을 염려한 이순신은 전라 좌수사가 되어 근무지에 오자마자, 무기와 군사용 식량을 충분히 확보하고 군사 시설과 장비를 미리 점검하였다.
  Being aware that the Japanese army's movements were unusual, as soon as Yi Sun-sin arrived at the workplace as a Naval Commander of left Jeolla, he immediately secured enough weapons, military rations, and checked military facilities and equipment in advance.

- 주식 시장의 흐름이 심상치 않다.
  The flow of the stock market is unusual.

- 분위기가 심상치 않음이 느껴져 저절로 긴장되었다.
  I felt like the atmosphere was serious, so I naturally became nervous.

❽ V+자마자 (as soon as; no sooner than)

- 이순신은 전라 좌수사가 되어 근무지에 오자마자, 무기와 군사용 식량을 충분히 확보하고 군사 시설과 장비를 미리 점검하였다.
  As soon as Yi Sun-sin arrived at the workplace as a Naval Commander of left Jeolla, he immediately secured enough weapons, military rations, and checked military facilities and equipment in advance.

- 집에 도착하자마자 손을 씻었다.
  I washed my hands as soon as I got home.

- 대학교를 졸업하자마자 취업을 했다.
  I got a job no sooner than I graduated from college.

❾ 전투를 벌이다 (to engage in a battle; to fight a battle; to combat)

- 이순신은 뛰어난 전략가로서 해류·지형·날씨 등을 모두 살펴 조선의 수군에게 유리한 지역에서 최적의 전술을 사용하여 전투를 벌였다.
  As an excellent strategist, Yi Sun-sin examined ocean currents, terrain, weather, etc., used optimal tactics, and combatted in areas that were advantageous to Joseon's navy.

- 그는 치열한 전투를 벌이다 전사하고 말았다.
  He engaged fiercely in battle but ended up perishing.

- 역사적으로 첫 전투를 벌인 날을 기념하고 있다.
  They are commemorating the day he engaged in his first battle in history.

⑩ N + 보다는 (instead of; rather than)

- 그는 자신의 공을 부하들에게 돌려 포상을 받도록 하였고, 자신의 입신보다는 조선의 승리를 더 중요하게 여기었다.
  He had his subordinates receive rewards by giving them credits for his own achievements, and considered Joseon's victory more important than his own career.

- 그녀는 수학보다는 영어에 흥미가 있었다.
  She was interested in English rather than math.

- 신입생은 수업보다는 동아리 활동에 관심을 보였다.
  Freshmen showed interest in club activities instead of classes.

---

⑪ N + (으)로써 (by doing; by; through; as) ▶ 2장 70쪽 '⑬ N + (으)로서' 참고

- 그는 권율 장군에게 자신이 사용하는 무기의 일부를 제공함으로써 행주 대첩의 승리에도 기여하였다.
  By providing General Kwon Yul with some of his weapons, he contributed to the victory of the Battle of Haengju.

- 우리 팀은 대화로써 갈등을 해결했다.
  Our team resolved conflicts by having conversations.

- 그 회사를 설득하기 위한 방법으로써 제안서를 철저하게 준비했다.
  I thoroughly prepared a proposal as a way to persuade the company.

---

⑫ 겁을 먹다 (to be frightened; to be scared; to be afraid)

- 명량 대첩 당시 병사들이 겁을 먹고 움직이지 않자 이순신이 몸소 대장선 1척으로 적선 31척을 공격하는 위력을 보여 줌으로써 전력을 북돋우기도 하였다.
  During the Battle of Myeongnyang, when the soldiers were frightened and would not move, Yi Sun-sin personally demonstrated the power of attacking 31 enemy ships with only one captain's ship, to boost their strength.

- 겁을 먹은 강아지가 숨어 버렸다.
  The scared puppy hid away.

- 무서운 이야기에 잔뜩 겁을 먹었다.
  I was very afraid of the scary story.

⑬ V+는 한 (as long as; unless; as far as)

- "신(臣)이 죽지 않는 한, 적이 감히 우리 수군을 업신여기지 못할 것입니다."라는 굳은 의지를 드러내며 수군에 남았다.

  He remained in the navy, expressing his firm determination, "As long as your servant is still alive, the enemy would not dare to look down on our navy."

- 노력하지 않는 한 원하는 결과를 얻을 수 없다.

  You can't get the results you want as long as you don't put in the effort.

- 가족들이 도와주지 않는 한 그는 어려움을 극복하지 못할 것이다.

  He will not be able to overcome his difficulties unless his family helps him.

---

⑭ 의지를 드러내다 (to show a will; to reveal a determination; to express a volition)

- "신(臣)이 죽지 않는 한, 적이 감히 우리 수군을 업신여기지 못할 것입니다."라는 굳은 의지를 드러내며 수군에 남았다.

  He remained in the navy, expressing his firm determination, "As long as your servant is still alive, the enemy would not dare to look down on our navy."

- 그 남자는 사람들 앞에서 자신의 의지를 드러냈다.

  The man revealed his determination in front of people.

- 의지를 드러낸 그녀가 본격적으로 행동을 하기 시작했다.

  After expressing her volition, she began to take action in earnest.

---

⑮ V, Adj+듯이 (as; as if)

- 유성룡이 쓴 《징비록》에 기록되어 있듯이, 이순신은 "전투가 매우 급하니 나의 죽음을 적에게 알리지 말라."며 전투 현장에서 죽는 최후의 순간까지 굽히지 않는 의지를 보였다.

  As recorded in *Jingbirok* written by Yu Seong-ryong, Yi Sun-sin expressed his unbending will until the last moment of his death on the battlefield, saying, "The battle is very urgent, so do not make my death known to the enemy."

- 목이 말라 커피를 물 마시듯이 들이켰다.

  I was thirsty and drank coffee as if I were drinking water.

- 전에도 말했듯이 수영하기 전에는 준비 운동을 해야 한다.

  As I said before, you need to warm up before swimming.

⑯ V, Adj+(으)ㄴ/는 순간까지 (until the moment that; until the time that)

- 이순신은 "전투가 매우 급하니 나의 죽음을 적에게 알리지 말라."며 전투 현장에서 죽는 최후의 순간까지 굽히지 않는 의지를 보였다.
  Yi Sun-sin expressed his unbending will until the last moment of his death on the battlefield, saying, "The battle is very urgent, so do not make my death known to the enemy."

- 숨 쉬기 힘든 순간까지 운동했다.
  I worked out until the moment that it became difficult to breathe.

- 우리는 헤어지는 순간까지 서로의 행복을 빌었다.
  Until it was time for us to part, we wished for each other's happiness.

---

⑰ 발 빠르다 (to act quickly; to respond swiftly)

- 조정이 통신사를 파견한 동안 유성룡은 발 빠르게 국방을 재정비하고 유능한 장수들을 알맞은 자리에 쓰도록 추천했다.
  While the government dispatched envoys, Yu Seong-ryong quickly realigned the national defense and recommended that capable generals be used in appropriate positions.

- 주민들의 발 빠른 움직임으로 산불을 끌 수 있었다.
  The forest fire was extinguished thanks to the swift response of residents.

- 경찰은 범인을 찾기 위해 발 빠르게 조사를 시작했다.
  The police quickly started an investigation to find the culprit.

---

⑱ V+는 데 힘을 아끼지 않다 (to spare no expense; painstakingly to do something; to put one's all effort)

- 유성룡은 군사력과 시설, 장비를 보충하는 데 힘을 아끼지 않았다.
  Yu Seong-ryong painstakingly replenished military power, facilities, and equipment.

- 그들은 아이를 칭찬하는 데 힘을 아끼지 않았다.
  They spared no expense in praising the child.

- 농사짓는 데 힘을 아끼지 않은 농부는 더 많은 농작물을 얻었다.
  Farmers who put all of their effort into their farming reaped more crops.

 **확인 문제** Reading Comprehension

※ 본문을 읽고 다음 질문에 답해 보세요.
Read the text and answer the following questions.

1. 다음은 어휘와 그 뜻풀이입니다. 빈칸에 알맞은 말을 써 보세요.
   Fill in the blanks with the appropriate words to complete definitions.

   (1) 천거: 어떤 일을 맡아 할 수 있는 사람을 그 자리에 쓰도록 소개하거나 (   )하다.

   (2) 백의종군: (   ) 없이 군대를 따라 싸움터로 가다.

   (3) (   ): 잘못을 반성하여 뒷날을 대비하고 애써 삼가다.

   (4) (   ): 미리 준비가 되어 있으면 걱정할 것이 없다.

2. 다음은 이순신의 《난중일기》에 수록된 시입니다. 이 작품에서 느껴지는 정서를 '1줄 감상문'으로 완성해 보세요.
   Read the following poem from Yi Sun-sin's *Nanjung Ilgi*. Complete a 'one-line review' based on how you feel.

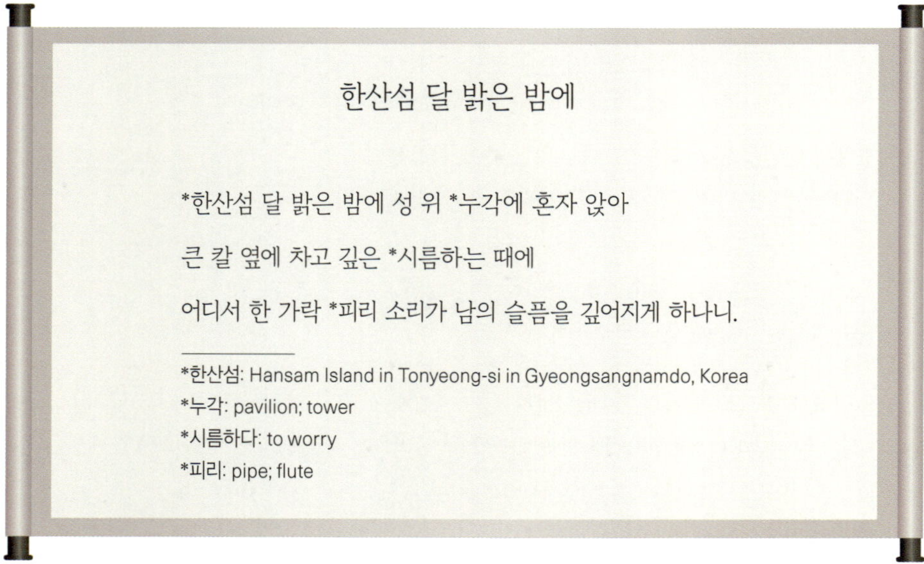

한산섬 달 밝은 밤에

*한산섬 달 밝은 밤에 성 위 *누각에 혼자 앉아

큰 칼 옆에 차고 깊은 *시름하는 때에

어디서 한 가락 *피리 소리가 남의 슬픔을 깊어지게 하나니.

———————

*한산섬: Hansam Island in Tonyeong-si in Gyeongsangnamdo, Korea
*누각: pavilion; tower
*시름하다: to worry
*피리: pipe; flute

→ 이순신의 우국애정, 즉 (   )하는
  마음을 느낄 수 있다.

3. 다음 [보기]를 읽고, 빈칸에 알맞은 말을 써 보세요.
Read the following examples and fill in the blanks with the appropriate words.

[보기]

(가) 도요토미 히데요시가 *징발한 군대가 바다를 건너 침략해 왔다. 조선군은 항전하였으나, 부산과 동래가 함락되었다.

(나) 전국에서 의병이 일어나 관군에 *호응하였다. 그중에서도 곽재우, 고경명, 조헌 등이 활약하였으며, 기타 소규모 의병들은 이루 다 헤아릴 수 없었다. 이들 덕분에 나라의 *명맥이 보존될 수 있었다.

(다) 이순신은 거북선을 만들고, 물에 익숙하며 노를 잘 젓는 장정 중에서 *무사를 *선발하였다. … 옥포에서 적을 공격하니 하늘도 이를 위해 안개를 걷어 주고, 적을 모조리 무찔러 푸른 바닷물이 붉은색으로 변하였다.

(라) 일본군은 본래 수군과 육군이 합세하여 북으로 쳐들어오려고 했는데, 이순신이 이끄는 조선 수군이 일본 수군을 막아 냄으로써 한쪽 기세가 완전히 꺾였다. 일본군은 평양을 점령하고 있었으나 전세가 기울어져 더 나아갈 수도 없었다. 결국 조선군은 전라도·충청도·황해도·평안도 가까이의 바다를 보전함으로써 군량을 보급하고 조정의 명령을 전달하여 나라를 다시 일으킬 수 있었다. 이 모두 이순신이 한 번 싸움에서 이긴 공이었으니, 이것이 어찌 하늘의 도움이 아니겠는가.

(마) 명나라 장군 이여송이 조명 연합군에게 명령하여 평양성 앞으로 나아간 후 성을 포위하면서 *진을 치도록 하였다. 조선군은 평양성의 남쪽을, 명나라군은 평양성의 서쪽을 공격했는데, 이여송이 이를 지휘하며 격려했다. … 일본군 1,280명을 죽이거나 사로잡았고, 불태워 죽인 수도 많았다. 포로로 붙잡힌 조선 백성 1,200여 명을 구출했고, 적과 싸워 빼앗은 말과 장비의 수량도 아주 많았다.

---

*징발하다 to commandeer　　　　*호응하다 to respond to
*명맥 thread of life　　　　　　　*무사 soldier
*선발하다 to select　　　　　　　*진을 치다 to form a camp; to pitch a camp

→ [보기]는 조선 시대 발발한 (　　　　　　　)의 전개 양상을 보여 주는 기록이다. 이 전쟁 초반에는 일본군이 조선을 20일도 채 되지 않아 점령할 정도로 위세가 등등했으나, 이순신이 이끄는 (　　　　　)와/과 의병의 활약 및 명나라의 참전으로 전세가 역전되었다.

4. 위기에서 조선을 구한 이순신의 힘을 본문에서 찾아 2가지 이상 써 보세요.
Find and write at least two abilities of Yi Sun-sin to save Joseon from crisis from the text.

5. 다음은 《징비록》의 '서문'입니다. 다음과 본문을 참고하여 《징비록》의 역사적 가치를 써 보세요.
Read *Jingbirok*'s Seomun(Preface) below. Based on the information from this and the text, write about the historical value of *Jingbirok*.

> '징비록(懲毖錄)'이란 무엇인가? 임진왜란이 일어나 겪은 일들을 기록한 것이다. … 《시경(詩經)》에 "내가 그 잘못을 뉘우치려 경계하여 나무라고, 훗날의 환난이 없도록 삼가고 조심한다."는 구절이 있다. 이것이 내가 '징비록'을 지은 이유이다. … 백성들이 떠돌고 정치가 어지러워진 때에 나처럼 못난 사람이 나라의 중대한 책임을 맡아 위기를 바로잡지도 못하고 기울어지는 기틀을 바로 일으키지도 못했으니, 그 죄는 죽어도 용서받지 못할 것이다. … 이를 통해 충성하고자 하는 뜻과 신하의 나라에 보답하지 못한 죄를 나타내고자 한다.

4. 유비무환의 정신으로 수군 정비를 철저히 하였다. / 뛰어난 전략가였다. / 사람을 아끼는 지도자였다. / 의지와 집념이 대단한 장수였다.
5. 《징비록》은 임진왜란을 연구하는 귀중한 사료이자, 전쟁의 총책임관으로서 후손에게 경계와 교훈을 주는 글로 평가받고 있다.

6. 다음 사진 자료에 대한 설명문을 완성해 보세요.
Complete the passage explaining the photo below.

《경자 대통력(庚子大統曆)》
The Gyeongja Daetongnyeok
(Calendar of Gyeongja Year)
ⓒ 국립고궁박물관

———
*말리다 to stop; to forbid
*출전하다 to go to fight
*독려하다 to encourage

이것은 조선 시대 유성룡이 임진왜란이 끝나고 2년 후에 직접 사용한 1600년(경자년)의 달력이다. 여기에는 유성룡이 전투 중이었던 장군의 마지막 순간에 대해 쓴 글이 메모처럼 남아 있다.

"전쟁하는 날에 그가 앞장서서 화살과 돌을 무릅쓰자, 부장들이 못하게 *말리며 말하기를 '대장께서 스스로 가벼이 하시면 안 됩니다.'라고 하였다. 이순신은 직접 *출전하여 전쟁을 *독려하다가 날아온 탄환을 맞고 전사하였다. 아아!"

이 글을 통해 유성룡이 이순신을 각별히 아꼈던 마음을 확인할 수 있다. 이순신은 임진왜란의 마지막 전투인 (   ) 해전에서 적과 싸우다 죽었다.

7. 다음 기사문을 읽고, 빈칸에 들어갈 알맞은 말을 써 보세요.
Read the following article and fill in the blanks with the appropriate words.

《임진록(壬辰錄)》에 기록된 전쟁의 아픔, 오늘날에도 잊지 말아야

유성룡의 셋째 아들 유진은 1592년 10세 소년으로서 겪었던 임진왜란의 *비극적 상황을 50세가 넘은 나이에 《임진록》으로 남겼다. 여기서 그는 피란 생활 11개월 동안 직접 보고 겪은 일본군의 잔인하고 포악한 행위들을 자세하게 *묘사했다.

다음 세대의 사람들이 전쟁과 같은 일들을 다시 겪지 않게 경계하도록 유성룡이 《징비록》을 남겼다면, 그의 아들 유진은 전쟁 상황에서 백성들의 *고된 삶을 생생하게 그려 냈다. 이는 10세 소년이 체험한 임진왜란의 참상을 기록한 것으로, 이를 통해 전쟁으로 고통받은 사람들의 (   )을/를 되새겨 오늘날에도 (   ) 말아야 한다는 교훈을 준다.

———
*비극적 tragic
*묘사하다 to describe; to depict
*고된 tough; hard

Activity
활동 **2-1**

Speak!

오늘날 이순신에 대한 한국 내 평가를 조사하여 이야기해 보세요.

Research and discuss how Yi Sun-sin is evaluated in contemporary Korea.

오늘날 이순신에 대한 세계의 평가를 조사하여 한국 내 평가와 비교하는 글을 써 보세요. 평가가 다른 점이 있다면 그 이유를 생각하며, 인물에 대한 글(평전)을 써 보세요.

Find out how Yi Sun-sin is evaluated in the world today and write an article comparing this with Korean people's evaluation of Yi Sun-sin. If you find any differences, think about why. Then, write your review of Yi Sun-sin.

Activity **3-1**
활동

Think More!

《난중일기》, 《징비록》과 같은 전쟁을 기록한 문서들이 후대에게 어떤 가르침을 주는지 생각해 보세요.

Think about what lessons the documents having records of wars, such as *Nanjung Ilgi* and *Jingbirok*, teach to future generations.

Activity 3-2
활동 3-2

Make a Presentation!

지역 사회에서 갈등이나 분쟁·전쟁 등의 기록을 찾아보고, 이를 해소하거나 극복하기 위해 활약한 사람들의 이야기를 조사하여 발표해 보세요.

Look for records of conflicts, disputes, wars, etc., in local communities. Research and present the stories of people who actively participated in resolving or overcoming them.

4장
Chapter 4

의술과 사회:

허준과 허임

**Medicine and Society:
Heo Jun and Heo Im**

학습 목표

① 현실적 제약을 뛰어넘어 사회에 공헌한 역사 인물에 대한 글을 이해하고, 개인이 끼치는 사회적 영향을 고찰하여 자신의 삶을 성찰하는 글을 쓸 수 있다.

② 인류를 위한 의학 발전상을 조사하고, 앞으로 어떤 노력이 더 필요한지 사고할 수 있다.

Activity 1-1
활동

Talk about It!

세계 역사상 전 지구적 질병으로부터 인류를 구한 사례들을 이야기해 보세요.

Talk about cases in world history that saved humankind from global epidemics.

과거에서 현대에 이르기까지, 공공 의료 시스템상 소외 계층을 위해 애
쓰는 개인이나 단체에 대해 아는 대로 이야기해 보세요.

Talk about individuals or organizations that have worked to help marginalized
groups in public healthcare systems from the past to the present.

1 한의학과 그 특징 Hanuihak and Its Characteristics

약탕기
Herbal medicine
decoction pot
© 국립민속박물관

　서양 의학은 질병의 증상을 진단하여 수술과 약물 투여 등의 방법을 통해 증상의 원인을 집중적으로 치료한다. 이와 달리 동양 의학은 병의 원인을 찾은 후 그로 인한 몸 전체의 부조화를 치료하여 질병을 고친다. 한편, 한국의 의학은 주로 중국에서 들여온 의학서나, 사람들이 오랜 경험으로 알아낸 치료법인 민간의학에 의존하는 경우가 많았다. 이후 고려 시대와 조선 시대에 한국에서 구할 수 있는 약재와 독자적 치료 방법을 담은 의학 서적들이 출간되면서 자주적인 한의학(韓醫學)으로 발전했다. 한의학은 '침', '뜸', '한약'을 사용하여 치료하는 특징을 갖는다. 바늘처럼 생긴 '침'은 치료를 위해 신체에 자극을 주는 지점인 혈(穴)을 찔러 병을 다스리는 데 쓰는 의료 기구이고, '뜸'은 약재를 비벼 작고 둥글게 만든 뒤 혈에 놓아 불을 붙여 서서히 열기가 퍼지게 하는 온열 치료 기구이다. 또 '한약'은 풀뿌리와 열매 등의 식물성 재료나 곤충과 어류 같은 동물성 재료를 약탕기에 달여 마시는 탕약 등 한의학 약재를 말한다.

Western medicine focuses on diagnosing the symptoms of a disease and treats the cause of the symptoms through methods such as surgery and medication. In contrast, Eastern medicine diagnoses the cause of the illness and treats the overall imbalance of the body caused by it. Korean medicine often depended on medical books imported from China or folk medicine, which people discovered through long experience. Later during the Goryeo and Joseon dynasties, medical books containing medicinal herbs available in Korea and unique treatment methods were published, leading to the development of independent Hanuihak(traditional Korean medicine). Hanuihak is characterized by the use of acupuncture, moxibustion, and herbal medicine. 'Chim' or acupuncture, which resembles a needle, is a medical device used to control diseases by stimulating acupuncture points called 'hyeol'. 'Tteum' or 'Moxibustion' involves rubbing medicinal herbs into small round shapes, igniting them on the skin to gradually spread heat. 'Hanyak' or herbal medicine refers to Korean medicinal herbs consumed as decoctions made by boiling plant materials such as grass roots and fruits or animal materials such as insects and fish in a pot.

1. 동양 의학의 특징이 무엇인지 본문에서 찾아 써 보세요.
Find and write down the characteristics of Eastern medicine from the text.

1. 병의 원인을 찾은 후 그로 인한 몸 전체의 부조화를 치료하여 질병을 고친다.

2 조선 시대 국가 의료 체계 National Medical System of the Joseon Dynasty

조선 시대 국가 의료 체계는 왕실을 담당하던 내의원(內醫院)과 전의감(典醫監), 그리고 백성들을 담당하던 혜민서(惠民署)와 활인서(活人署)로 크게 나뉜다. 내의원은 왕의 주치의였던 어의 외에도 침을 놓는 침의·의녀 등이 진료를 보고 약을 처방하였다. 전의감은 의학 교육과 의료 행정을 담당하며 의약품의 공급을 맡았고, 관리들의 진료를 보기도 하였다. '백성들에게 은혜를 베푸는 관서'라는 뜻의 혜민서는 백성을 치료해 주고, 여자들에게 침술을 가르쳐 의녀로 양성하는 역할을 하였다. '사람을 살리는 관서'라는 뜻의 활인서는 도성(왕이 거주하는 성이 있던 지역)에서 갈 곳이 없는 사람을 치료하던 곳이었다. 활인서는 전염병이 돌 때 임시 건물을 만들어 환자를 격리한 후 간호했고, 환자가 죽으면 묻어 주는 일도 하였다.

The national medical system of the Joseon Dynasty was largely divided into Nae-ui-won and Jeonuigam, which were in charge of the royal family, and Hyeminseo and Hwalinseo for the common people. Besides Eoui, a royal physician, Nae-ui-won also had acupuncturists who applied acupuncture and female physicians who diagnosed patients and prescribed medicines. Jeonuigam was responsible for medical education, healthcare administration, and the supply of medicines. It also supervised the medical treatment of government officials. Hyeminseo, meaning 'a government office that bestows favor on the people,' treated the people, taught acupuncture to women and trained them as female physicians. Hwalinseo, meaning 'a government office that saves people's lives,' was a place where people who had nowhere else to go in the capital(where a king's place is located) were treated. During outbreaks of contagious diseases, Hwalinseo built temporary facilities to quarantine patients, provided nursing care, and even buried the patients when they died.

1. 조선 시대에 왕을 비롯하여 왕실 사람들을 진료하던 국가 의료 기관의 이름을 써 보세요.
   Write the name of the national medical institution that treated a king and royal family members in the Joseon Dynasty.

2. '사람을 살리는 관서'라는 뜻으로, 갈 곳 없는 사람을 치료하던 조선 시대 국가 의료 기관의 이름을 써 보세요.
   Write the name of the national medical institution that treated people with nowhere else to go, meaning 'a government office that saves people's lives' in the Joseon Dynasty.

1. 내의원 2. 활인서

3 광해군 Gwanghaegun

《광해군 일기》
Gwanghaegun Ilgi
(Annals of Gwanghaegun)
광해군 집권 시기의 역사적 사실을 담은 실록이다. 실록 중 유일하게 처음 쓴 원고인 초고가 남아 있어 당시 실록 편찬의 수정 과정 등 연구에 중요한 사료이다.
ⓒ 국립중앙박물관

광해군(1575~1641)은 조선 제15대 왕으로, 왕세자 때 크게 병을 앓아 허준이 치료하였다. 임진왜란 때 피란을 간 아버지 선조를 대신해 나랏일을 하였던 그는 1608년 왕이 되자마자, 백성들의 부담을 덜고자 특산물 대신 쌀이나 베 등으로 세금을 내는 대동법을 실시했다. 또 역사서·의학서 등의 책을 출간하도록 지시해, 선조 때부터 집필하던 허준의 《동의보감》도 완성될 수 있었다. 중국에서 명나라가 약해지고 후금이 강해질 무렵 광해군은 두 나라 사이에서 중립 외교 정책을 펼침으로써 후금의 침략을 피하고자 하였다. 이러한 광해군의 외교 정책은 임진왜란 때 조선을 도운 명나라에 의리를 지켜야 한다던 양반 관료들의 불만을 샀다. 결국 광해군이 왕이 되는 것을 반대했던 정치 세력을 중심으로 1623년 인조반정이 일어나, 인조가 왕위에 오르고 광해군은 강화도로 유배되었다. 1636년 후금이 청나라로 이름을 바꾸고 조선에 침입한 병자호란 이후 광해군은 다시 제주도로 유배되어 1641년 66세에 세상을 떠났다.

Gwanghaegun(1575~1641), the 15th king of the Joseon Dynasty, suffered from a serious illness when he was a crown prince and was treated by Heo Jun. He worked for the country in place of his father, King Seonjo, who had fled during the Imjin Waeran. As soon as he ascended to the throne in 1608, to reduce the burden on the people, he implemented Daedong Beop, by which the people could pay their taxes with rice or cloth instead of specialty products. He also ordered the publication of history and medical books, allowing Heo Jun's *Donguibogam*, which had been written since the reign of King Seonjo, to be completed. When the Ming Dynasty weakened and Hugeum strengthened in China, Gwanghaegun tried to avoid the invasion of Hugeum by pursuing a neutrality policy between the two countries. However, Gwanghaegun's diplomatic policy dissatisfied the noble officials, Yangban, who insisted that they should keep their loyalty to the Ming Dynasty, which helped Joseon during the Imjin Waeran. In the end, Injo Banjeong(a coup d'état) took place in 1623, led by the political factions that had opposed Gwanghaegun being Joseon's king. Injo ascended to the throne, and Gwanghaegun was exiled to Ganghwa Island. Gwanghaegun was once again exiled to Jeju Island in 1636, after the Byeongja Horan, the war Hugeum started after it changed its name to the Qing Dynasty and passed away at the age of 66 in 1641.

1. 임진왜란 이후 광해군이 실시했던 정책들을 본문에서 찾아 써 보세요.
   Find and write Gwanghaegun's policies after the Imjin Waeran from the text.

1. 대동법, 역사서와 의학서 등의 서적 출판, 중립 외교 정책 등.

4 처첩제와 적서 차별 Concubine System and Discrimination against Concubine's Children

조선 시대는 원칙적으로 일부일처제였으나, 처 이외에 첩을 둘 수도 있었다. 정식으로 결혼한 여자는 정실 혹은 처라고 하였고, 처 외의 다른 여자는 소실 혹은 첩이라고 불렀다. 처와 첩이 낳은 자식은 어머니의 신분을 따랐으므로, 대체로 사회적 신분이 낮았던 첩이 낳은 자식일 경우 차별 대우를 받았다. 이때 처가 낳은 자녀는 적자, 첩이 낳은 자녀는 서얼이라고 불렀다. 서얼은 다시, 첩인 어머니의 신분이 양인이면 서자, 천인이면 얼자로 구분되었다. 서얼 신분은 자손에게 세습되었으며, 사회 진출에 제약이 있어 관리를 뽑는 시험인 문과에 응시할 수 없었다. 서얼은 사실상 중인과 같은 대우를 받아, 대부분이 관청의 고급 관리로 출세하기 힘들었다. 가정생활에서도 적서(적자와 서자) 차별이 있어서 족보에 서얼이라고 표기했으며, 서얼은 재산 상속상 불이익을 받거나 제외되었다.

Monogamy was practiced in principle in the Joseon Dynasty, but having a concubine and a wife was also possible. A legally married woman was called 'Jeongsil' or 'Cheo,' and other women besides 'Cheo' were called 'Sosil' or 'Cheop.' Children born to 'Cheo' or 'Cheop' followed their mother's social status, so the children of 'Cheop' who were generally of lower social status, were discriminated against. At that time, children born to 'Cheo' were called 'Jeokja,' and children born to 'Cheop' were called 'Seo-eol.' 'Seo-eol' was further classified depending on the social status of the 'Cheop' mother; if the mother was Yangin, the child was called 'Seoja,' and if she was low-born, the child was called 'Eolja.' The status of 'Seo-eol' was inherited by descendants, and they were restricted in social advancement; they could not take the civil service examination, which was the test for selecting government officials. In fact, as 'Seo-eol' was treated just like Jungin, most of them were impossible to succeed as high-level government officials. There was also discrimination between the children of 'Cheo' and those of 'Cheop' in the family. Those marked as Seo-eol in their family records were often disadvantaged or excluded in property inheritance.

1. 다음 문장을 완성해 보세요.
Complete the following sentence.

> 조선 시대에는 첩인 어머니가 양인이면 그 자식을 (   ), 첩인 어머니가 천인이면 (   )(이)라고 하였다. 이들을 통칭하여 '서얼'이라고 불렀다.

1. 서자, 얼자

5 《동의보감》 *Donguibogam*

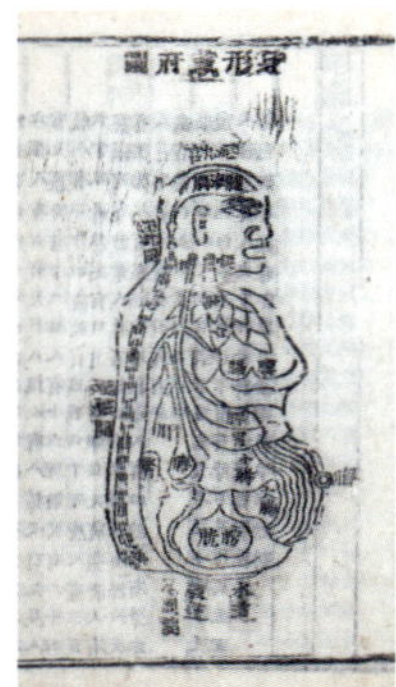

허준, 《동의보감》 중
〈인체 해부도〉
Heo Jun, *Anatomical chart of Donguibogam*
ⓒ 국립중앙박물관

《동의보감》은 허준이 선조의 지시로 편찬 작업을 시작하여 광해군 때인 1610년에 완성하고 1613년에 간행된 25권의 의학서이다. 조선 의학서와 중국 의학서의 핵심만 뽑아 체계적으로 정리한 이 책은 수많은 질병에 대한 이론과 처방, 다양한 약재, 침과 뜸에 대한 내용으로 구성되어 있으며, 내용의 출처가 되는 책의 이름이 보기 쉽게 정리되어 있다. 기존 의학서에는 찾아볼 수 없었던 '예방법'에 주목했다는 점과, 국가적 차원에서 백성을 위한 '공공 의료' 측면이 강했다는 점이 특징적이다. 또 구하기 쉬운 약재들을 알려 주면서 일부 내용을 한글로 기록하여 백성들도 읽을 수 있게 한 점도 특기할 만하다. 《동의보감》은 중국과 일본을 비롯한 아시아 여러 나라에서 40여 회 재출간되어 읽혔고, 의학서로는 세계 최초로 2009년 유네스코 세계 기록 유산으로 지정되었다.

Donguibogam(Principles and Practice of Eastern Medicine) is a 25-volume medical book compiled by Heo Jun under King Seonjo's order. It was completed in 1610 during the reign of Gwanghaegun and published in 1613. This book systematically organized the essential points from Joseon and Chinese medical books, covering theories and prescriptions for numerous diseases, various medicinal herbs, and the practices of acupuncture and moxibustion. The titles of the source books were organized, making them easy to find. It is noteworthy for its focus on 'preventive medicine,' a topic rarely covered in previous medical books, and its emphasis on 'public health care' on a national scale. Also, it is significant that some content was recorded in Korean to make it accessible to the common people by providing information on medicinal herbs that can be obtained easily. *Donguibogam* has been reprinted over 40 times in various Asian countries, including China and Japan, and for the first time in a medical book, *Donguibogam* was designated in UNESCO's Memory of the World in 2009.

1. 다음 빈칸에 들어갈 알맞은 말을 본문에서 찾아 써 보세요.
Fill in the blank with the appropriate word from the text.

> 2009년 유네스코 세계 기록 유산으로 등재된 《동의보감》의 가치는 (   )들을 위한 '공공 의료'로서의 의학서라는 점에 있다. 이 책은 일부 왕족과 귀족만을 위한 것이 아니라 국가가 국민의 건강과 복지를 책임지겠다는 첫 시도로써 만들어진 기록물이다.

6 《침구경험방》 *Chimgugyeongheombang*

《침구경험방》은 내의원에서 일했던 어의 허임이 1644년 70세가 넘도록 쌓은 오랜 경험을 바탕으로 침과 뜸, 즉 침구를 이용한 치료법을 정리해 1권으로 낸 책이다. 허임은 질병마다 혈에 침구를 놓는 처방법을 기록했고, 신체 부위별 분류 및 내과·외과·전염병·부인병·소아병(어린이들이 앓는 병) 등으로도 분류하여 자신의 실제 경험을 담아냈다. 이 책의 뒷부분에는 내의원의 한 관리가 "약재마저 구하기 어려운 백성들을 위하여 허임이 구비하기 쉬우면서 효과가 빠른 침과 뜸 사용법을 기록한 책"이라고 쓴 설명이 있다. 《침구경험방》은 첫 출간 이후 여러 차례 인쇄되어 일본과 중국으로 전해졌으며, 손으로 직접 써서 만든 필사본도 많았다.

이와 같이 조선 시대에는 침구를 활용한 치료가 활발히 이루어졌으며, 당시 사용했던 〈동인도〉(침을 놓고 뜸을 뜨는 위치를 그린 그림)는 오늘날에도 여전히 침구 교육용으로 사용할 정도로 발달되어 있었다.

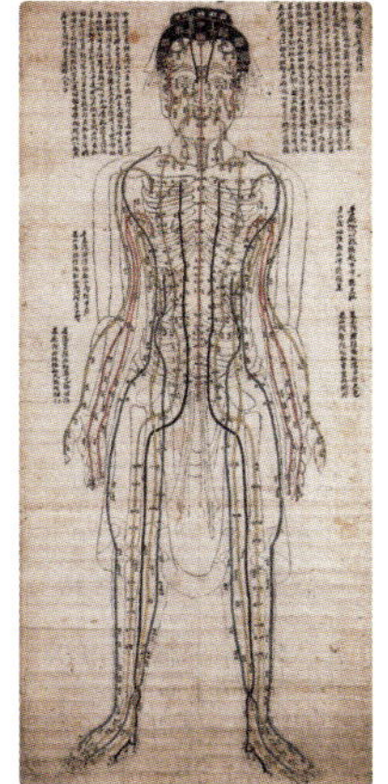

| 〈동인도(銅人圖)〉
| *Dong-indo*
ⓒ 국립중앙박물관

Chimgugyeongheombang(Acupuncture and Moxibustion Treatments) is a book published in 1644, based on the experiences of Heo Im, a royal physician who worked at Nae-ui-won and compiled his knowledge of acupuncture and moxibustion treatments, which he accumulated until he was over 70 years old. He recorded the prescriptions of placing needles on acupoints for each disease and classified them according to body parts, internal medicine, surgery, infectious diseases, gynecology, and pediatric diseases(diseases suffered by children), reflecting his actual experiences. At the end of this book, an official from Nae-ui-won commented, "This book deals with easy-to-obtain and fast-acting acupuncture and moxibustion techniques, which Heo Im compiled to benefit people who cannot even get medicinal herbs." *Chimgugyeongheombang* was reprinted many times after its first publication and spread to Japan and China, and many handwritten copies were also made.

During the Joseon Dynasty, acupuncture therapy was actively practiced. *Dong-indo*(a drawing showing the location of acupuncture and moxibustion points) was so developed at that time that it is still used for acupuncture education today.

1. 《침구경험방》이 조선 시대의 백성들에게 어떤 도움을 주었는지 본문에서 찾아 써 보세요.
   Find and write about how *Chimgugyeongheombang* helped the people in the Joseon Dynasty from the text.

1. 구비하기 쉬우면서 효과가 빠른 침과 뜸 사용법을 알려 주어 약재를 구하기 어려운 백성들도 침구 치료를 받을 수 있게 하였다.

의술과 사회:

허준과 허임

1

1　허준(1539~1615)은 조선 선조 때 40년 가까이 내의원에서 일한 어의로,《동의보감》을 집필한 의학자이다. 그는 양반의 첩이었던 어머니의 신분 때문에 높은 관료직에 나가지 못한 채, 중인으로서 의관의 길을 선택했다. 내의원에서 일하던 허준이 어의로서 이름을 떨치게 된 것은 1590년 세자 광해군의 병을 고치면서부터였

5　다. 이로써 그는 관료들의 반대에도 불구하고 서자의 신분으로는 올라갈 수 없는 지위인 당상관(국가의 중요한 정책을 왕과 논의하는 고위 관직)이 되었다.

　1592년 임진왜란이 일어나자 선조는 수도인 한양을 떠나 평양을 거쳐 국경 지대인 의주까지 피란을 가게 되었고, 허준은 전쟁이 끝날 때까지 선조의 곁에서 건강을 돌보았다. 전쟁 중이었던 1596년에 허준은《동의보감》의 편찬도 시작한다. 전쟁

10　이 끝나고 임금의 어의로서 공로를 인정받은 허준은 나라를 위해 공을 세운 신하

Vocabulary

- 내의원 medical center
- 의학자 medical scientist
- 신분 social position or status
- 의관 medical officer
- 서자 child of a concubine
- 논의하다 to discuss
- 거치다 to pass; to go through
- 피란을 가다 to go to refuge
- 돌보다 to take care of
- 인정받다 to be recognized

- 어의 royal physician
- 양반 person of the noble class
- 관료직 government official's position
- 떨치다 to become well-known
- 지위 status; position; rank
- 관직 government position
- 국경 border
- 전쟁 war
- 편찬 compilation
- 공 credits; achievements

- 집필하다 to write
- 첩 concubine
- 중인 person of the middle class
- 세자 crown prince
- 정책 policy
- 수도 capital
- 지대 area; region
- 곁 side
- 공로 contribution; achievement
- 신하 subject; subordinate

인 '공신'이 되어 대우받았다. 이후 선조가 자신의 큰 병을 다스리던 허준을 높은 관직에 올리려 하자, 다른 양반 관리들이 심하게 반대하여 실현되지 못하였다.

　1608년에 선조가 병을 앓다가 죽자, 허준은 그 일에 대한 책임을 지고 귀양을 가게 되었다. 왕이 죽으면 왕을 치료하던 내의관이 처벌을 받는 것이 당시의 관습
15　이었기 때문이다. 귀양 중에도 허준은 선조의 명으로 집필하고 있던 《동의보감》의 편찬에 더욱 힘을 쏟았다. 선조의 둘째 아들이었던 세자 광해군은 왕이 된 직후에 어릴 적 자신의 병을 낫게 해 준 허준을 귀양에서 풀어 주었다. 허준은 다시 내의원으로 돌아와 의관으로 일했고, 1610년 선조의 명을 받은 지 14년 만에 《동의보감》을 완성하여 광해군에게 바쳤다. 광해군의 건강을 수시로 살폈던 허준
20　이 죽자, 광해군은 선조 때 실현하지 못하였던 당상관보다 더 높은 관직을 내려 그의 공을 인정하였다.

　허준은 40년 이상의 긴 시간 동안 뛰어난 의학 기술로 왕들을 정성껏 모셨고, 한국의 독자적인 의학서를 집필함으로써 한의학 발전에도 크게 기여하였다. 그는 《동의보감》을 통해 한국의 과거로부터 전해 내려오던 수많은 이론과 처방을 한눈에
25　볼 수 있게 정리했다. 또 책의 앞부분에서 병이 난 뒤에 치료하는 것보다 평소에

- 공신 devoted subject
- 실현되다 to be realized
- 귀양 exile; banishment
- 관습 custom; convention
- 완성하다 to complete
- 살피다 to examine; to observe
- 정성껏 with one's whole heart
- 의학서 medical book
- 기여하다 to contribute; to serve
- 이론 theory

- 대우받다 to be treated
- 앓다 to suffer; to be sick
- 처벌 punishment; penalty
- 명 order; command
- 바치다 to dedicate; to devote
- 뛰어난 outstanding
- 모시다 to serve; to take care of
- 한의학 traditional Korean medicine
- 통하다 to go through; to flow through
- 처방 prescription; therapy

- 병을 다스리다 to cure diseases
- 책임을 지다 to take the responsibility
- 당시 then; at that time
- 직후 right after
- 수시로 frequently; often
- 의학 기술 medical technology
- 독자적인 independent
- 발전 development; advancement
- 수많은 many; a lot of
- 병이 나다 to get sick

몸과 마음을 맑고 고요하게 유지하는 것이 더 중요하다고 밝혔다. 허준은 광해군의 지시를 받아 의학서로서 《신찬벽온방》과 《벽역신방》 등도 출간했는데, 이들 대부분의 책이 각종 전염병 예방과 치료에 대한 책이라는 데서 알 수 있듯이, 조선 시대 예방 의학의 기초을 세우는 데 큰 역할을 하였다. 나아가 그는 《언해구급방》 30 과 《언해태산집요》 같은, 한문으로 된 의학서를 쉽게 읽을 수 있도록 한글 번역을 겸한 의학서나 의학용 학습 교재를 만들어 의학의 대중화에 앞장서기도 하였다.

1 　 허임(미상, 정확한 출생일과 사망일이 남아 있지 않음)은 허준과 같이 선조와 광해군 집권 시기인 조선 후기에 활약하며 침구학 발전에 큰 영향을 끼친 어의이다. 그는 노비였던 부모 아래에서 태어나 천민의 신분을 이어받았다. 어릴 적 가난하여 부모의 병환에도 약을 살 수 없었던 허임은 의원에서 일을 하며 치료비를 대신 5 했고, 그때 어깨너머로 침술을 배웠다고 전해진다.

　 허준과 마찬가지로 허임도 임진왜란이라는 특수한 상황에서 침술을 펼쳐 관직을 얻고 신분의 한계를 극복할 수 있었다. 임진왜란 당시 나랏일을 살핀 세자 광해군은 인후통과 편두통이 심했는데, 전란으로 약재와 의관이 부족하여 제대로 치료

를 받을 수 없었다. 이러한 시기에 허임이 침의로 발탁되었고 부상자 치료에도 많

10 은 공을 세웠다. 이로써 허임은 전쟁 중에 벼슬을 얻었고, 전쟁이 끝난 후에도 뛰

어난 침술 실력을 발휘하며 왕실의 침의로 활동하게 되었다. 한번은 평소 앓던 편

두통이 심해진 선조가 당시 명의이자 어의인 허준에게 침을 놓게 한 일이 있었다.

이때 허준은 자신보다 허임이 침을 더 잘 놓는다며 그를 추천하였고, 허임이 놓은

침을 맞은 선조의 병이 완쾌되어 당상관에 올랐다.

15   선조의 뒤를 이어 왕이 된 광해군은 허임을 아껴 여러 차례 벼슬을 주려고 하

였다. 그는 임금이 되자마자 허임에게 지방의 관리직을 맡기고자 하였는데, 관리

를 감독하는 관청인 사헌부에서 허임이 천민 출신이라는 이유로 반대하였다. 처음

에는 반대 의견을 듣지 않던 광해군도 완강한 신하들 때문에 결국 허임에게 관직

대신 곡식과 돈 등을 지급하였다. 이후 광해군은 전쟁 중 허임의 공로를 높이 사서

20 공신으로 삼고 양주 지역의 목사에 임명하려고 하였으나, 이번에도 신하들의 반대

에 부딪혀 그보다 낮은 직급을 줌으로써 뜻을 이루지 못했다. 직분에 상관하지 않

던 허임은 지방 관리를 지낼 때조차 광해군이 아프면 왕실로 올라와 광해군의 병

을 침으로 치료하려고 애썼다.

- 침의 acupuncturist
- 실력 capability; competence
- 추천하다 to recommend
- 아끼다 to cherish; to adore
- 관청 government office
- 의견 opinion
- 곡식 grain; crop
- 지역 region
- 부딪히다 to run against
- 직분 one's duty or job

- 발탁되다 to be chosen; to be selected
- 발휘하다 to demonstrate; to display
- 완쾌되다 to be fully healed
- 관리직 manager's position
- 사헌부 official supervisors
- 완강한 stubborn; strong
- 지급하다 to pay; to dispend
- 목사 governor
- 직급 rank; position
- 상관하다 to care; to mind

- 부상자 injured person; the injured
- 활동하다 to work
- 잇다 to succeed
- 감독하다 to supervise
- 출신 origin
- 결국 finally; after all
- 삼다 to be based on; to make
- 임명하다 to appoint
- 이루다 to achieve; to accomplish
- 애쓰다 to make an effort

인조반정으로 광해군이 쫓겨날 때 그의 어의였던 허임도 벼슬에서 물러났다. 그
25 러나 허임의 침술만큼은 당대 누구도 부인할 수 없었다. 그래서 새로 왕이 된 인조
는 수시로 허임을 불러 침을 맞았고, 그의 침술로 병이 완쾌되자 상을 내리며 그
공을 문서에 남기도록 하였다.

허임은 나이가 들어, 임진왜란 당시 3달 가까이 머물렀던 충청도 공주에서 살았
다. 이곳에서 그는 후진을 양성하는 데 힘쓰며, 평생토록 환자를 진료한 경험을 모
30 아 1644년 《침구경험방》이라는 실증적인 의학서를 펴냈다. 이 책은 조선에서 침구
분야를 전문 영역으로 발전시켰고, 내의원에 속한 관청으로서 침의청이 설치되는
데 큰 역할을 하였다. 이후 1725년, 조선에 유학을 왔던 일본 의사가 이 책을 일본
에 소개하였다. 한편, 1874년 중국 청나라에서는 《침구경험방》의 전체 내용과 《동
의보감》의 침구 관련 부분이 그대로 수록된 《침구집성》을 여러 차례 간행하였다.

1 　　동시대에 활동하며 왕실에서 의관으로서 함께 일한 적도 있었던 허준과 허임은
모두 침구학에 대한 지식이 높았다. 또 허준이 《동의보감》에서 침구에 대한 이론
서술에 중점을 둔 반면 허임은 《침구경험방》에서 직접 경험했던 일들을 집중적으로

- 쫓겨나다 to be thrown out
- 문서 document
- 양성하다 to train
- 진료하다 to treat
- 분야 area; field
- 설치되다 to be installed
- 동시대 same age; contemporary
- 중점 emphasis; stress
- 중시하다 to put empasis on
- 확립하다 to establish

- 당대 (of) the time; this era/age
- 머무르다 to stay (temporarily)
- 힘쓰다 to give one's best
- 실증적인 empirical
- 영역 area; field; domain
- 수록되다 to be included
- 지식 knowledge
- 집중적으로 intensively
- 벼슬자리 official position
- 고유한 distinctive; unique

- 부인하다 to deny
- 후진 younger generations
- 평생토록 one's whole life; lifetime
- 펴내다 to publish
- 속한 belonging to; affiliated to
- 간행하다 to publish
- 서술 description; narration
- 유사한 similar
- 후세 later/younger generations
- 학문 studies; academics

이야기했다는 점에서 차이가 있을 뿐, 유사한 점이 많은 삶을 살았다. 선조와 광해
5 군이라는 두 왕을 모셨다는 점, 큰 공로를 세웠음에도 신분을 중시하던 당시 관료
들이 높은 벼슬자리에 오르지 못하도록 반대하다가 죽은 후에야 인정을 받고 높
은 관직에 올랐다는 점, 자신의 의학 지식을 후세에 전하기 위해 책을 쓰고 후진
양성에 힘썼다는 점 등이 그러하다. 이들의 노력과 연구 덕분에 한국 의학은 독자
적인 한의학 전통을 확립하며 오늘날 고유한 학문으로 발전할 수 있었다.

서양 의학과 나란한 한의학

조선의 명의 허준이 대표 저서 《동의보감》을 집필한 후 세상을 떠나기 전 마지막으로 머물렀던 곳인 한국의 서울 강서구에는 현재 허준박물관이 세워져 있다. 이곳에 가면 허준이 쓴 책들과 조선 시대 병원의 모습을 간접적으로나마 살필 수 있고, 침을 놓거나 약재를 만드는 등 한의학적 치료법과 관련한 다양한 체험을 할 수 있다. 더불어 '염려가 많으면 뜻이 흩어진다.', '윗니와 아랫니를 씹듯이 자주 마주치면 이가 튼튼해진다.', '말을 많이 하면 기가 준다.'와 같은, 허준이 들려주는 건강 이야기를 만나 볼 수 있다. 민들레·감초 등 천연 약재로 쓰였던 식물로 꾸며진 약초원도 둘러볼 수 있다.

현재 한국은 과학의 발달에 힘입어 더욱 정교하게 질환을 치료하는 서양 의학과 함께, 사람마다의 신체 특성을 고려하여 몸 전체의 조화와 균형을 이루도록 치료하는 한의학이 공존하고 있다. 이는 "옛날 뛰어난 의원은 사람의 마음을 잘 다스려서 미리 병이 나지 않도록 하였는데, 지금의 의원은 사람의 병만 다스리고 사람의 마음은 다스릴 줄 모른다. 이것은 근본을 버리고 끝을 쫓으며 원천을 캐지 않고 지류만 찾는 것이니 병 낫기를 구하는 것이 어리석지 않은가."라는 허준의 가르침이 여전히 유효하기 때문이다.

허준박물관 전경 및 전시실과 약초원의 모습
Photos of the Heo Jun Museum, exhibition hall, and medicinal herb garden
ⓒ 허준박물관

❶ V, Adj+(으)ㄴ 채(로) (with; leave as it is; while)

- 그는 양반의 첩이었던 어머니의 신분 때문에 높은 관료직에 나가지 못한 채, 중인으로서 의관의 길을 선택했다.
  Due to his mother's status as a Cheop to Yangban, while he was unable to attain a high government official's position, he chose the path of a doctor as Jungin(middle-class person).

- 소나기가 내려서 비에 젖은 채로 학교에 갔다.
  I went to school with being wet from the rain because of the shower.

- 물을 틀어 놓은 채 양치질해서 엄마에게 혼이 났다.
  I got scolded by my mom for brushing my teeth with the water running.

---

❷ N+의 길을 선택하다(택하다) (to choose the path; making life decisions)

- 그는 양반의 첩이었던 어머니의 신분 때문에 높은 관료직에 나가지 못한 채, 중인으로서 의관의 길을 선택했다.
  Due to his mother's status as a Cheop to Yangban, while he was unable to attain a high government official's position, he chose the path of a doctor as Jungin(middle-class person).

- 그는 나라를 구하기 위해 독립운동가의 길을 선택했다.
  He chose the path of an independence activist to save the country.

- 집안 형편이 어려워 혼자 공부하는 독학의 길을 택했다.
  Due to the family's financial situation, he chose the path of self-study.

---

❸ 이름을 떨치다 (to get oneself a name; to make one's mark)
▶ 5장 170쪽 '❾ N+(으)로 유명하다' 참고

- 허준이 어의로서 이름을 떨치게 된 것은 1590년 세자 광해군의 병을 고치면서부터였다.
  He made his mark as a royal physician when he cured Crown Prince Gwanghaegun's illness in 1590.

- 국제 대회에서 우승한 선수가 전 세계에 이름을 떨쳤다.
  The player who won the international competition made a name for himself worldwide.

- 영화가 흥행하자, 주연 배우가 세계적으로 이름을 떨치게 되었다.
  As the movie became a hit, the leading actor made a name for himself worldwide.

❹ 공로를 인정받다 (to be recognized of great contribution)

- 전쟁이 끝나고 임금의 어의로서 공로를 인정받은 허준은 나라를 위해 공을 세운 신하인 '공신'이 되어 대우받았다.
  After the war, Heo Jun, who was recognized for his great contribution as a royal physician, was honored as a 'devoted subject' for his contribution to the country.

- 그는 수출 산업에 기여한 공로를 인정받아 훈장을 받았다.
  He was awarded a medal for being recognized for his contribution to the export industry.

- 공로를 인정받은 자원봉사자가 강연회에서 경험담을 이야기했다.
  The volunteer who was recognized for his contributions shared his experience during the lecture.

---

❺ 공을 세우다 (to make a contribution)

- 전쟁이 끝나고 임금의 어의로서 공로를 인정받은 허준은 나라를 위해 공을 세운 신하인 '공신'이 되어 대우받았다.
  After the war, Heo Jun, who was recognized for his great contribution as a royal physician, was honored as a 'dedicated subject' for his contribution to the country.

- 신제품 판매에 공을 세운 팀장이 보너스를 받았다.
  The team leader who made a contribution to the sales of the new product received a bonus.

- 전쟁에서 공을 세운 장군을 기억하고자 기념관이 설립되었다.
  A memorial hall was established to commemorate the generals who made contributions in the war.

---

❻ 책임을 지다 (to be in charge; to be responsible; to take responsibility)

- 허준은 그 일에 대한 책임을 지고 귀양을 가게 되었다.
  Heo Jun took responsibility for the matter and went into exile.

- 누군가는 환경 오염에 대한 책임을 져야 한다.
  Someone needs to take responsibility for environmental pollution.

- 이번 일은 그가 책임을 지고 해결하겠다고 말했다.
  He said he would take responsibility for resolving this matter.

❼ 힘을 쏟다 (to put efforts into something) ▶ 1장 37쪽 '❻ N+에 힘쓰다' 참고

- 귀양 중에도 허준은 선조의 명으로 집필하고 있던 《동의보감》의 편찬에 더욱 힘을 쏟았다.
  Even during his exile, Heo Jun continued to put his efforts into the publication of the *Donguibogam* under King Seonjo's order.

- 전시회를 앞둔 미술가는 작품 완성에 힘을 쏟았다.
  The artist put efforts into completing the artwork ahead of the exhibition.

- 체중 조절에 힘을 쏟은 운동선수는 결국 쓰러지고 말았다.
  The athlete who put all his effort into weight control eventually collapsed.

---

❽ N+에게 N+을/를 바치다 (to dedicate something to someone)

- 1610년 선조의 명을 받은 지 14년 만에 《동의보감》을 완성하여 광해군에게 바쳤다.
  In 1610, 14 years after receiving the order from King Seonjo, Heo Jun completed *Donguibogam* and dedicated it to Gwanghaegun.

- 스승에게 감사의 마음이 담긴 편지를 바쳤다.
  I wrote a letter filled with gratitude and dedicated it to my teacher.

- 그리스 신화에는 신에게 인간을 제물로 바쳤다는 이야기가 나온다.
  In Greek mythology, there are stories of dedicating humans as sacrifices to the gods.

---

❾ 한눈에 보다 (to have a glance)

- 허준은 《동의보감》을 통해 한국의 과거로부터 전해 내려오던 수많은 이론과 처방을 한눈에 볼 수 있게 정리했다.
  Through *Donguibogam*, Heo Jun organized numerous theories and prescriptions that had been passed down from the past, allowing them to be glanced at once.

- 산 정상에 올라가면 도시를 한눈에 볼 수 있다.
  When you climb to the top of the mountain, you can have a glance at the city.

- 박물관에 가면 그 나라의 역사를 한눈에 볼 수 있다.
  When you visit a museum, you can have a glance at the history of the country.

⑩ N+을/를 겸하다 (to combine; to serve)

- 그는 한문으로 된 의학서를 쉽게 읽을 수 있도록 한글 번역을 겸한 의학서나 의학용 학습 교재를 만들어 의학의 대중화에 앞장서기도 하였다.
  He also took the lead in popularizing medicine by creating medical books or study materials for medicine, which combined Korean translations to make it easier to read medical books written in Chinese.

- 그곳에 가면 휴식과 놀이를 겸할 수 있다.
  You can combine relaxation and play when you go there.

- 서점 안에 커피숍을 겸하자 손님이 늘었다.
  The bookstore saw an increase in customers after combining a coffee shop inside.

---

⑪ 어깨너머로 (N+을/를) 배우다 (to pick up something over one's shoulder; to learn something by watching)

- 허임은 의원에서 일을 하며 치료비를 대신했고, 그때 어깨너머로 침술을 배웠다고 전해진다.
  It is said that Heo Im worked at a clinic to cover medical expenses and picked up acupuncture over his shoulder during that time.

- 상사가 가르쳐 주지 않아 어깨너머로 업무를 배웠다.
  I learned the job by watching over my shoulder because my boss did not teach me.

- 어깨너머로 기술을 배운 그였지만, 결국 제품 개발에 성공했다.
  Although he learned the technique by watching over his shoulder, he eventually succeeded in developing the product.

---

⑫ 한계를 극복하다 (to overcome the limitation(s) of)

- 침술을 펼쳐 관직을 얻고 신분의 한계를 극복할 수 있었다.
  He was able to overcome the limitations of his social status by practicing acupuncture and obtaining a government position.

- 체력의 한계를 극복하지 못하고 달리기를 그만두었다.
  I could not overcome my physical limitations and stopped running.

- 그는 키가 작다는 한계를 극복하고 세계적인 모델이 되었다.
  He overcame the limitation of being short and became a world-renowned model.

⑬ 실력을 발휘하다 (to demonstrate one's skills)

- 허임은 전쟁 중에 벼슬을 얻었고, 전쟁이 끝난 후에도 뛰어난 침술 실력을 발휘하며 왕실의 침의로 활동하게 되었다.
  Heo Im obtained a government position during the war, and even after the war ended, he demonstrated his excellent acupuncture skills and served as a royal acupuncturist.

- 그는 그동안 갈고닦은 실력을 발휘했다.
  He demonstrated the skills he had honed over the years.

- 그는 체육 대회에서 실력을 발휘해 우승이라는 결과를 얻었다.
  He demonstrated his skills at the sports competition and ended up winning.

---

⑭ 반대에 부딪히다 (to collide with opposition; to face resistance)

▶ 6장 199쪽 '❺ N+에 반하다' 참고

- 신하들의 반대에 부딪혀 그보다 낮은 직급을 줌으로써 뜻을 이루지 못했다.
  Facing opposition from his subjects, the king failed to achieve his goal by giving him a lower rank.

- 그의 의견은 동료들의 반대에 부딪혔다.
  His opinion collided with the opposition of his colleagues.

- 일부 주민들의 반대에 부딪혀 아파트 공사가 중단되었다.
  The construction of the apartment complex was halted due to opposition from some residents.

---

⑮ 뜻을 이루지 못하다 (to fail to achieve the goal or one's goal)

- 신하들의 반대에 부딪혀 그보다 낮은 직급을 줌으로써 뜻을 이루지 못했다.
  Facing opposition from his subjects, the king failed to achieve his goal by giving him a lower rank.

- 부모님의 반대로 그는 늘 자신의 뜻을 이루지 못했다.
  Due to his parents' opposition, he consistently failed to achieve his own goals.

- 국가대표 팀은 이번에도 우승이라는 뜻을 이루지 못했다.
  Once again, the national team failed to achieve the goal of winning.

⑯ N+에서 물러나다 (to withdraw or retreat from; to step down from)

- 인조반정으로 광해군이 쫓겨날 때 그의 어의였던 허임도 벼슬에서 물러났다.
  When Gwanghaegun was driven out due to the Injo Banjeong(a coup d'état), Heo Im, Gwanghaegun's physician, also withdrew from his position.

- 그 교수는 장관직에서 물러나 학교로 돌아갔다.
  The professor stepped down from his ministerial position and returned to the school.

- 사고를 수습하지 못한 총책임자는 그 자리에서 물러났다.
  The chief manager, who failed to handle the incident, retreated from his position.

---

⑰ 상을 내리다 (to bestow an award upon; to confer an honor)

- 새로 왕이 된 인조는 수시로 허임을 불러 침을 맞았고, 그의 침술로 병이 완쾌되자 상을 내리며 그 공을 문서에 남기도록 하였다.
  Upon becoming the new king, Injo frequently summoned Heo Im to get acupuncture, and when his illness was cured by his acupuncture, the king bestowed an award upon him and instructed that his merit be recorded in documents.

- 전투를 승리로 이끈 군인에게 왕이 큰 상을 내렸다.
  The king bestowed a grand award upon the soldier who led the battle to victory.

- 공이 있는 자에게는 상을 내리고, 죄를 지은 자에게는 벌을 주어야 한다.
  Those who have merit should be awarded, and those who have committed crimes should be punished.

---

⑱ 후진을 양성하다 (to foster the later/younger generations)

- 이곳에서 그는 후진을 양성하는 데 힘쓰며, 평생토록 환자를 진료한 경험을 모아 1644년 《침구경험방》이라는 실증적인 의학서를 펴냈다.
  In this place, he made efforts to foster later generations, and published a practical medical book called *Chimgugyeongheombang* in 1644, based on his life-long experience of treating patients.

- 은퇴 후에도 후진을 양성하는 것이 그녀의 목표이다.
  Even after retirement, her goal is to foster the younger generations.

- 한 기업가가 후진을 양성하는 데 써 달라며 장학금을 기부했다.
  An entrepreneur donated a scholarship to support fostering the younger generations.

확인 문제 Reading Comprehension

※ 본문을 읽고 다음 질문에 답해 보세요.
Read the text and answer the following questions.

1. 다음 글을 읽고, 빈칸에 알맞은 말을 써 보세요.
Read the following passage and fill in the blank with the appropriate word.

> 선조가 한밤중에 갑자기 편두통이 심해지자, 그의 어의는 "통증이 심하니 평소처럼 한약을 달여 탕약을 드시기에는 시간이 오래 걸립니다. 침의들이 항상 말하기를 '반드시 침을 놓아 열기를 가라앉힌 다음에야 통증이 감소된다.'고 합니다."라고 말했다. 이에 선조는 침을 맞았고, 그의 편두통은 말끔하게 사라졌다. 이 이야기에서 알 수 있듯이, 조선 시대에는 침·뜸·한약 등의 치료법을 이용해 몸 전체가 조화와 균형을 이루게 하는 (   )이/가 질병을 치료하는 데 크게 역할했다.

2. 다음 글을 읽고, 빈칸에 들어갈 알맞은 설명을 골라 보세요.
Read the following passage and choose the appropriate description.

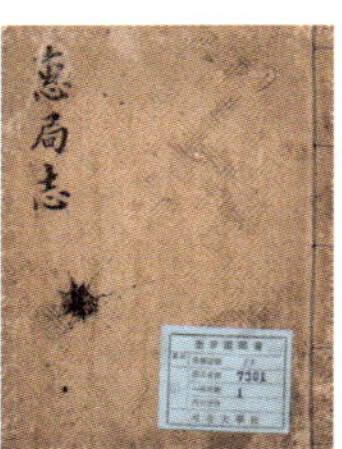

강위빙, 《혜국지》
Gang Wibing, *Hyegukji*
(A book about Hyeminseo)
ⓒ 서울대학교 규장각한국학연구원

자료로 알아보는 조선 시대

《혜국지》는 조선 시대 의료 기관인 혜민서의 *내력과 업무 등을 정리한 책이다. 조선은 건국 초기부터 국가 의료 기관으로서 혜민서를 두었으나, 여러 차례 전쟁을 거치면서 이를 *고증할 만한 *문헌이 남지 않자 1719년에 이 책을 펴냈다. 이에 따르면, '백성들에게 은혜를 베푸는 관서'라는 뜻을 가진 혜민서는 백성들을 치료하고 (   )

*내력 history; background; origin
*고증하다 to study historical evidence; to investigate
*문헌 documents; documentary records

① 여자들에게 침술을 가르쳐 의녀로 양성했다.

② 왕의 주치의로서 어의가 진료를 보고 약을 처방했다.

③ 의학 교육과 의료 행정을 담당하며, 관리들을 진료했다.

④ 전염병이 돌 때 임시 건물을 만들어 환자들을 격리하고 간호했다.

3. 조선 시대 신분제에 대한 설명 중 옳은 것은 ○, 틀린 것은 ×표를 해 보세요.
   Read each description of the social status system in the Joseon Dynasty, and write ○ if correct and × if incorrect.

   (1) 조선 시대 정식으로 결혼한 여자인 '처'가 낳은 자식을 '적자'라고 한다. (   )
   (2) 첩이 낳은 자식인 '서얼'은 재산 상속에서 불이익을 받았다. (   )
   (3) 서얼의 신분은 자손에게 세습되지 않았다. (   )

4. 다음은 《동의보감》 서문의 일부입니다. 글을 읽고 '1줄 감상문'을 완성해 보세요.
   The following is a part of the preface of *Donguibogam*. Read the passage and complete the 'one-line review.'

   (가) 제가 생각하기에, 정기가 한 번 흩어지고 사람의 6가지 기가 조화를 이루지 못하여 *노쇠하고 *병약해지는 것은 백성에게 *재앙이 됩니다. 임금이 어진 정치를 베푸는 데 있어서 가장 먼저 해야 할 일은 백성들이 일찍 죽는 것을 *의술이나 약으로 구하는 것입니다.
   (나) 의술은 책이 아니면 내용을 기록할 수 없고, 책은 잘 선택하지 않으면 내용이 자세하지 못합니다. 지식을 넓게 모으지 않으면 이치가 명확하지 않고, 널리 전파되지 않으면 백성들에게 은혜가 퍼지지 않습니다. 이 책은 과거와 현재의 의술을 모두 담고 여러 의원들의 말을 합하여 근원을 연구하고 방침을 제시합니다. 또 상세하지만 복잡하지 않고 간단하지만 포함하지 않는 것이 없습니다.

   ____

   *노쇠하다 to be old and have little strength
   *병약해지다 to weaken physically because of illness
   *재앙 disaster
   *의술 medicine; medical technique

   → 이 글을 통해 허준은 다양한 (   )을/를 정리한 《동의보감》을 집필하여 백성의 건강을 돌보는 데 힘썼음을 알 수 있다.

5. 다음은 《동의보감》에 소개된 약으로 쓰이는 재료들입니다. 설명을 읽고 알맞은 그림을 연결해 보세요.

Look at the ingredients used as medicine in *Donguibogam*. Read the descriptions and match them with the appropriate pictures.

(1) 

(2) 

(3) 

(4) 

(5) 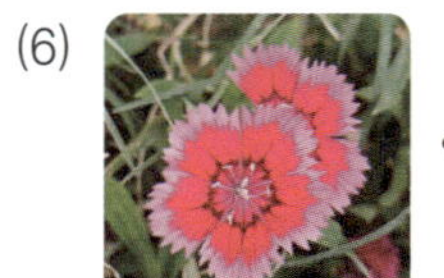

(6)

- ㉠ 포도: 둥근 모양의 진한 보라색 열매. 배뇨 관련 질환을 치료한다.

- ㉡ 시금치: 초록색으로 주로 잎을 먹는 채소. 위장을 순환시키고 술독을 치료한다.

- ㉢ 패랭이꽃: 이파리의 끄트머리가 뾰족한 분홍색 혹은 보라색의 꽃. 피부에 가시 박힌 것을 빼내고, 종기를 치료한다.

- ㉣ 말불버섯: 높이가 4~6cm, 지름이 2~3cm 정도로 처음에는 하얗다가 점차 갈색이 되는 버섯. 목구멍의 통증과 종기를 치료한다.

- ㉤ 봉선화: 꽃잎이 아래로 늘어져서 피는 붉은색·분홍색·흰색 등의 꽃. 매를 맞아 생긴 상처를 치료한다.

- ㉥ 산수유: 길쭉하면서 둥근 빨간색의 열매. 두통과 코 막힘, 귀가 잘 들리지 않는 것을 치료한다.

6. 다음 빈칸에 알맞은 인물을 써 보세요.
Fill in the blank with the appropriate person's name.

수행 평가 보고서

주제: 조선 시대 인물의 가상 일기 작성하기

- 제목: 조선 시대 대표 침의, ⬜⬜의 일기
- 내용: 벼슬에서 물러나 충청도에서 지내는 삶은 참 평화롭다. 나의 환자 진료 경험을 모두 녹여 낸《침구경험방》의 집필도 거의 마무리되어 간다. 신체 구조와 혈자리, 병의 증상과 처방에 대해 자세히 쓰기 위해 그동안 많은 노력을 기울였다. 이 책이 앞으로의 침구술 발전에 많은 도움이 되기를 바란다.

⬜⬜

---

7. 다음을 읽고, 허준과 허임의 공통점을 <u>모두</u> 골라 보세요.
Read the following sentences and choose all the similarities between Heo Jun and Heo Im.

(가) 선조와 광해군의 건강을 관리하고 질병을 치료했다.
(나) 임진왜란 중 선조의 피란길에 함께하여 전쟁이 끝날 때까지 선조의 건강을 돌보았다.
(다) 왕의 병을 고치는 등 많은 공을 세웠으나, 신분적 한계로 인해 높은 벼슬자리에 오르려 할 때마다 당시의 관료들이 반대하곤 하였다.

① (가)　　　　② (다)　　　　③ (가), (다)　　　　④ (나), (다)

Activity 2-1
활동

Speak!

허준이 집필한 《동의보감》은 의학서로는 세계 최초로 2009년 유네스코 세계 기록 유산에 등재되었습니다. 보존할 가치가 있는 기록물로서 등재 이유를 살펴 이야기해 보세요.

Heo Jun's *Donguibogam* was registered in UNESCO's Memory of the World in 2009 for the first time as a medical book. Discuss why it was deemed worthy of preservation and included in UNESCO's Memory of the World.

Activity
활동 **2-2**

Write!

허준과 허임의 삶을 통해 개인이 끼치는 사회적 영향을 살펴보고, '사회와 나'를 주제로 에세이를 써 보세요.

Research the social impact of individuals through the lives of Heo Jun and Heo Im, and write an essay on the topic of 'Society and I.'

Activity **3-1**
활동

Think More!

여러분의 지역 사회 역사상 허준과 허임처럼, 의료적 소외 계층을 구제하기 위해 기울인 노력들을 조사해 보세요.

Research the efforts made to help medically marginalized people in your community's history, as Heo Jun and Heo Im did.

메르스와 코로나19로 대표되는 현대적 질병은 전 인류의 삶을 위협합니다. 이에 대응하는 공공 의료 시스템을 조사하고, 향후 개선점에 대한 자신의 의견을 함께 발표해 보세요.

Modern diseases such as MERS and COVID-19 threaten the lives of humankind. Research the public healthcare systems that respond to these challenges and share your opinions on future improvements.

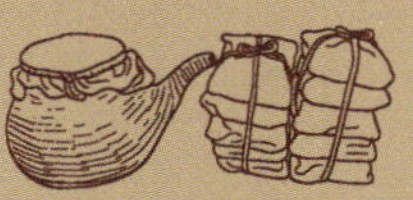

5장
Chapter 5

풍속과 미학:

김홍도와 신윤복

**Lifestyles and Aesthetics:
Kim Hong-do and Sin Yun-bok**

학습 목표

① 김홍도와 신윤복으로 대표되는 한국 조선 시대의
풍속화를 감상하고 시대상을 짐작할 수 있다.

② 이들의 그림에 나타난 미학으로서 풍자와 해학을
이해하고, 오늘날 예술을 통해 현대 사회를 이해할
수 있다.

생각 열기

Activity 활동 **1-1**

Talk about It!

다음은 조선 시대 풍속화입니다. 공통적 특성을 살펴 풍속화의 의미를 말해 보세요.

Look at the genre paintings from the Joseon Dynasty and find their similarities. Then, talk about what a genre painting means.

│ ① 김홍도, 〈빨래터〉 Kim Hong-do, *Ppallaeteo*(A Laundry Place)
│ ② 김홍도, 〈기와 이기〉 Kim Hong-do, *Giwa Igi*(Roof Tiling)

① 작은 물이 흐르는 시내나 샘터에 마련된 공용 빨래터의 풍경을 그린 작품이다.
② 흙을 구워 만든 기와로 집의 맨 꼭대기인 지붕 위를 덮는 풍경을 그린 작품이다.
ⓒ 국립중앙박물관

Activity **1-2**
활동

Talk about It!

풍속화 감상이 당시 사람들에게 어떤 영향을 주었을지 이야기해 보세요.
Talk about how appreciating genre paintings influenced people potentially at that time.

1 조선 시대 유교와 실학사상 Confucianism and Silhak Movement in the Joseon Dynasty

조선은 건국하자마자 유교를 높이 받들고 불교를 억누르는 숭유억불 정책을 펼쳤다. 겸손과 검소함을 중시하고 각자의 사회적 지위와 신분에 따라 마땅히 행동해야 할 바른길이 있다고 여겼던 유교 이념은 조선 전기의 문화와 백성들의 삶에 전반적인 영향을 끼쳤다. 하지만 유교는 시간이 흐르면서 형식에 치우쳤고, 임진왜란과 병자호란을 겪으면서 생활이 어려워진 백성들에게 유교적 가르침은 큰 의미가 없었다.

이에 조선 후기 일부 학자들은 백성의 생활 안정을 목표로 하여 실생활에 도움을 주는 학문으로서 '실학(實學)'을 연구하였다. 박지원, 박제가, 정약용 등으로 대표되는 이들 실학자들은 당시 중국의 청나라로부터 앞선 문화를 배우고 서양의 자연 과학과 사상을 받아들이는 등 현실 문제와 실용성을 중요시하였다.

As soon as the Joseon Dynasty was founded, it pursued a Seungyueokbul policy of suppressing Buddhism while exalting Confucianism. Confucianism, which valued humility and frugality and believed that there was a proper way to behave according to each person's social status and class, significantly influenced the culture and people's lives during the early period of the Joseon Dynasty. However, as time passed, Confucianism became overly focused on formalities, and Confucian teachings proved ineffective for the people whose lives became difficult during the Imjin Waeran and the Byeongja Horan.

In response, some scholars in the later period of the Joseon Dynasty studied 'Silhak,' a practical learning that aimed to provide practical assistance to stabilize the lives of the common people. Famous Silhak scholars, such as Park Ji-won, Park Je-ga, and Jeong Yak-yong, emphasized the importance of real issues and practicality by learning advanced culture from China's Qing Dynasty and accepting Western natural science and ideas.

1. 조선 시대는 임진왜란을 기준으로 전기와 후기로 나뉘어질 만큼 정치적·사회적 변화가 컸습니다. 앞 글을 참고하여 조선 전기와 후기를 대표하는 사상과 그 특징을 요약해 보세요.
The Joseon Dynasty experienced great political and social changes, so much so that it was divided into the early and late periods based on the Imjin Waeran. Refer to the text and summarize the ideas and characteristics representing the early and late Joseon Dynasty.

(1) 조선 전기의 대표적 사상과 특징:

(2) 조선 후기의 대표적 사상과 특징:

1. (1) 유교. 겸손과 검소함을 중시하고, 각자의 사회적 지위와 신분에 따라 마땅히 행동해야 할 바른길이 있다고 여겼다.
(2) 실학. 실생활에 도움을 주는 학문으로서 현실 문제와 실용성을 중요시하였다.

2 조선 시대 왕의 계보 Chronological List of the Kings of the Joseon Dynasty

조선 시대는 태조 이성계가 조선을 건국한 1392년부터 일본에 국권을 빼앗긴 1910년까지 518년 동안 27명의 왕이 있었고, 부자(父子)간 왕위 계승 원칙에 따라 모든 조선 왕의 성씨는 '이(李)'였다. 왕을 부르는 공식 이름은 왕이 죽은 후 그 업적에 따라 '조(祖)', '종(宗)', '군(君)'으로 구분되었다. 왕의 실제 업적과 같지 않은 경우도 있지만, 보통 '조(祖)'는 업적이나 공이 많은 경우, '종(宗)'은 덕을 많이 쌓은 경우, '군(君)'은 왕이었으나 유교적 질서에 벗어나 왕의 자리에서 쫓겨난 경우에 각각 붙여졌다.

건원릉
Geonwolleung Royal Tomb

조선 제1대 왕 태조의 무덤이다. 이를 포함해 조선 왕릉은 무덤 건축물의 완성체로서, 한국과 동아시아 무덤 발전의 단계를 보여 주어 2009년 세계 문화 유산으로 지정되었다.
ⓒ 국가유산청

◎ 조선 시대 왕의 계보 Chronological List of the Kings of the Joseon Dynasty

1. 태조(太祖) Taejo	2. 정종(定宗) Jeongjong	3. 태종(太宗) Taejong
4. 세종(世宗) Sejong	5. 문종(文宗) Munjong	6. 단종(端宗) Danjong
7. 세조(世祖) Sejo	8. 예종(睿宗) Yejong	9. 성종(成宗) Seongjong
10. 연산군(燕山君) Yeonsangun	11. 중종(中宗) Jungjong	12. 인종(仁宗) Injong
13. 명종(明宗) Myeongjong	14. 선조(宣祖) Seonjo	15. 광해군(光海君) Gwanghaegun
16. 인조(仁祖) Injo	17. 효종(孝宗) Hyojong	18. 현종(顯宗) Hyeonjong
19. 숙종(肅宗) Sukjong	20. 경종(景宗) Gyeongjong	21. 영조(英祖) Yeongjo
22. 정조(正祖) Jeongjo	23. 순조(純祖) Sunjo	24. 헌종(憲宗) Heonjong
25. 철종(哲宗) Cheoljong	26. 고종(高宗) Gojong	27. 순종(純宗) Sunjong

The Joseon Dynasty had 27 kings over 518 years, from its foundation by King Taejo Lee Seong-gye in 1392 to its annexation by Japan in 1910. According to the principles of hereditary succession between father and son, all Joseon kings were surnamed 'Lee.' After their deaths, kings' official titles were categorized into 'Jo,' 'Jong,' and 'Gun,' depending on their accomplishments. Although there are cases where the king's actual achievements may not match his title, generally, 'Jo' was used for kings with significant achievements or merits, 'Jong' was for those who accumulated virtue, and 'Gun' was for kings who, despite being a king, deviated from the Confucian order and were dethroned.

1. '조선 시대 왕의 계보'를 참고하여, 여러분이 알고 있는 조선 시대 왕을 모두 써 보세요.
Refer to the Chronological List of the Kings of the Joseon Dynasty, and write down as many names of the kings that you know as possible.

1. 태조, 세종, 세조, 영조, 정조, 순조는 모두 '조(祖)'로 끝난다.

3 영조와 정조 King Yeongjo and King Jeongjo

영조(1694~1776)는 조선 제21대 왕으로, 붕당에 관계없이 인재를 골고루 뽑아 쓰는 탕평책(蕩平策)을 실시하여 정치적 안정을 이끌었다. 또 백성들의 생활 안정을 위해 세금 제도를 새롭게 고쳤는데, 병역을 면제하는 대신 받던 베인 군포를 두 필에서 한 필로 줄인 후 부족한 세수는 어업세·선박세 등으로 보충하는 균역법을 실시했다. 나아가 조선의 선비들이 학문을 나누던 서원이 조선을 혼란하게 만드는 붕당 정치의 근원지라고 여겨 더 이상 서원을 짓지 못하게 하는 등의 제도 개혁에도 힘썼다. 비록 아들 사도 세자의 죽음과 관련하여 논란이 있지만, 약 52년 동안 왕의 자리에 있으면서 유교 사상을 바탕으로 안정되고 평안한 시대를 만든 왕임에는 틀림없다.

정조(1752~1800)는 제22대 왕으로, 영조의 손자이자 사도 세자의 아들이다. 그는 영조의 탕평책을 이어받아 붕당 정치의 폐해를 바로잡고자 하였고, 왕실 도서관으로서 규장각을 설립하여 선왕들의 글과 그림 등을 관리하면서 여러 개혁 정책을 구상하도록 하였다. 특히 정조는 학문의 발전이 나라의 발전을 이끈다고 여겨 신분 차별 없이 규장각에 인재를 등용함으로써 문화 중흥을 일구었다. 정조 시대를 융성하게 만든 대표적 인물로는 수원 화성을 설계하고 무거운 물건을 쉽게 들어 올리는 기구인 거중기 등을 만든 정약용을 들 수 있다. 정조는 백성들의 삶을 세심하게 돌보기 위해 지방 관리들을 살피고 개선하는 암행어사 제도를 충실히 활용하는 등 세종 대왕과 더불어 조선의 성군으로 여겨진다.

Yeongjo(1694~1776), the 21st king of Joseon, implemented the Tangpyeong Policy, selecting talents regardless of their factional parties, leading to political stability. In addition, to stabilize the people's lives, he revised the tax system, implementing the 'Gyunyeok Law,' in which he reduced two rolls of cloth people had paid instead of their military service into one roll. Instead, a revenue shortfall was supplemented by fishery taxes, shipping taxes, etc. Furthermore, he tried to reform other systems by banning the construction of Seowons, where Confucian scholars studied and shared their academic skills, because he believed the Seowon was the source of factional politics that led to confusion. Regarding the death of his son, Crown Prince Sado, there is still a controversy. Nevertheless, there is no doubt that during his reign of approximately 52 years, he established a stable and peaceful time based on Confucianism.

Jeongjo(1752~1800) was the 22nd king, King Yeongjo's grandson, and Crown Prince Sado's son. He inherited

King Yeongjo's 'Tangpyong Policy' and attempted to rectify the damages caused by factional politics. Additionally, he established Gyujanggak as a royal library, making it manage the writings and artworks of previous kings and outlining other reforms. In particular, because he believed that education and scholarly cultivation would develop the country, he achieved the cultural revival of Joseon by appointing talented people to Gyujanggak regardless of their social status. One of the prominent figures who contributed to the prosperity of King Jeongjo's reign was Jeong Yak-yong, who designed the Suwon Hwaseong Fortress and invented various devices such as Geojunggi, which is used for lifting heavy objects. King Jeongjo, alongside King Sejong the Great, is considered one of Joseon's exemplary monarchs because he utilized the 'Amhaengeosa' or 'secret royal envoy' system to inspect and improve local officials very well for meticulous care for his people's lives.

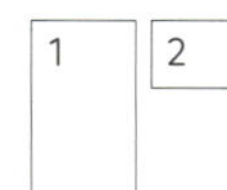

1 〈화성능행도(華城陵幸圖)〉 *Hwaseongneunghaengdo*
(Royal Parade to Hwaseong Fortress)
2 수원 화성(水原 華城) Hwaseong Fortress in Suwon

1 정조는 혼란한 정치를 안정화하고 실학을 바탕으로 수원 화성을 건축했다. 1795년 정조는 이곳에 있는 아버지 사도 세자의 무덤에 어머니 혜경궁 홍씨와 함께 찾아가 연회를 베풀고, 그 일을 그림으로 남기도록 하였다.
2 수원 화성의 현재 모습이다.
ⓒ 국립중앙박물관(1), ⓒ 국가유산청(2)

1. 영조가 인재를 골고루 뽑아 쓰기 위해 실시한 정책이 무엇일까요?
What was the policy that King Yeongjo implemented to select and employ talented people evenly?

2. 정조가 학문 발전을 위해 세운 기관은 무엇일까요?
What is the name of the institution King Jeongjo established for educational and scholarly development?

1. 탕평책 2. 규장각

4 도화서와 화원 Dohwaseo and Hwawon

고려 시대부터 왕실과 귀족의 주문을 받아 그림을 그리는 일을 담당했던 관청인 도화원은 조선 시대 성종 이후 도화서(圖畫署)로 이름을 바꾸었다. 도화서에서 일하는 전문 화가인 화원(畫員)들은 주로 나라나 왕실의 행사 모습, 왕의 초상화인 어진, 지도 제작 등 나라에서 필요로 하는 그림을 그렸다.

후대에까지 잘 알려진 화원으로는 조선 전기 세종 시대에 산수화를 잘 그렸던 안견과 조선 후기의 김홍도와 신윤복을 들 수 있다. 특히 문화 예술의 부흥을 이룬 영조와 정조 시대에 활약했던 김홍도와 신윤복은 몰락한 양반 출신인 정선이 펼치던 진경산수화(眞景山水畫)의 뒤를 이어 풍속화라는 새로운 경지를 열었다. 정선이 주로 자신이 살았던 서울 주변의 인왕산과 수려한 금강산의 모습 등을 정밀하게 그려 냈다면, 화원으로서 김홍도와 신윤복은 나라의 주요 행사 등의 기록화는 물론이거니와 당대 생활상을 개성 있게 담아냈다.

Dohwawon, a government office responsible for painting pictures commissioned by the royal family and nobles since the Goryeo Dynasty, was changed into Dohwaseo after the reign of King Seongjong. Professional court painters, Hwawons, working in Dohwaseo, primarily painted what the country needed, such as scenes of national events or royal ceremonies, portraits of kings called 'Eojin,' maps, etc.

Painters well-known to later generations include An Gyeon, known for his landscape paintings produced during the reign of King Sejong in the early Joseon Dynasty, and Kim Hong-do and Sin Yunbok in the later Joseon Dynasty. In particular, Kim Hong-do and Sin Yun-bok, who played active roles during the periods of cultural and artistic revival under Yeongjo and Jeongjo, opened a new realm of genre painting by taking over the legacy of landscape painting initiated by Jeong Seon, who was a fallen Yangban. While Jeong Seon mainly depicted scenery very precisely, such as the beautiful views of Geumgangsan Mountain and Inwangsan Mountain around Seoul, where he lived, Kim Hong-do and Sin Yun-bok, as Hwawons, painted distinctively not only major events of the country but also painted people's lifestyles in their times.

1 안견, 〈사계절 산수〉
An Gyeon, *Sagyejeol Sansu*(Landscape of Four Seasons)
2 조선 시대 붓 Joseon paintbrushes
3 조선 시대 붓걸이 Joseon paintbrush hanger

1 8폭에 그려진 이 그림은 봄·여름·가을·겨울 사계절의 변화를 예리하게 표현하였다. 이는 안견이 그렸다고 전해지는 작품들 중 가장 연대가 올라가는 그림으로 알려져 있다. 2는 조선 시대에 그림을 그리거나 글자를 쓸 때 사용하던 붓이고, 3은 조선 시대에 사용한 붓을 걸어 말리고 보관하는 용도로 쓰던 기구이다.
ⓒ 국립중앙박물관(1, 2), ⓒ 국립전주박물관(3)

1. 조선 시대 도화서와 화원의 역할에 대해 한 문장으로 요약해 보세요.
Summarize the roles of Dohwaseo and Hwawon in the Joseon Dynasty in one sentence.

(1) 도화서:

(2) 화원:

2. 조선 시대 활약했던 화원의 이름을 본문에서 찾아 써 보세요.
Write the names of the Hwawons who played active roles in the Joseon Dynasty from the text.

(1) 전기:

(2) 후기:

1. (1) 그림을 그리는 일을 담당했던 관청이다. (2) 도화서에서 화가로 일하면서 나라의 주요 행사 모습과 어진 등을 그렸다.
2. (1) 안견 (2) 김홍도, 신윤복

5 《단원 풍속도첩》 *Danwon Pungsokdo-cheop*

김홍도, 〈서당〉
Kim Hong-do, *Seodang*
ⓒ 국립중앙박물관

《단원 풍속도첩》은 김홍도가 그린 25점의 작품을 모아 엮은 책으로, 현재 한국의 국립중앙박물관이 소장하고 있다. 이 책에 실린 그림으로는, 야단을 맞은 듯 돌아앉아 훌쩍이는 아이를 중심으로 조선 시대 초등 교육을 맡아 했던 사립 학교 '서당'을 그린 〈서당〉, 한 쌍의 소가 농기구인 쟁기를 끌고 두 명의 농부가 쇠스랑으로 흙을 고르는 모습을 그린 〈논갈이〉(5장 167쪽 그림 참고), 조선 시대 서민들의 여가와 놀이로서 '씨름' 한판을 보여 주며 구경꾼들의 표정을 실감 나게 그린 〈씨름〉(5장 167쪽 그림 참고), 활쏘기 훈련을 그린 작품으로 군관의 지도를 받아 활시위를 당기는 인물의 진지한 표정과 그 옆에서 활과 화살을 손질하는 사람들의 느긋한 표정이 대비되는 〈활쏘기〉(5장 178쪽 그림 참고) 등이 있다. 이 책을 통해 조선 후기 서민들의 일상생활을 자연스럽고 익살스럽게 표현한 김홍도의 풍속화를 살필 수 있다.

Danwon Pungsokdo-cheop(Album of Genre Paintings by Danwon) is a book composed of 25 artworks of Kim Hong-do, currently housed in the National Museum of Korea in Seoul. The illustrations in this book include *Seodang*(Village School), which depicts a scene of Seodang, a private school that was responsible for primary education in the Joseon Dynasty, with a child sitting and crying as if being scolded in the center of the scene; *Nongari*(Chapter 5. p.167), which portrays two farmers pulling a pair of oxen with plows, using iron rakes to level the soil; *Ssireum*(Chapter 5. p.167), which shows a match of 'Ssireum' as a leisure activity for commoners during the Joseon Dynasty and captures the realistic facial expressions of onlookers; *Hwalssogi*(Chapter 5. p.178), which depicts the serious expression of a man pulling a bowstring according to the solder's advice, in contrast to the leisurely expressions of the others next to him. Through this book, people can examine Kim Hong-do's genre paintings that naturally and humorously express the everyday lives of the commoners during the late Joseon Dynasty.

1. 《단원 풍속도첩》에 수록된 풍속화들 중 1점을 찾아 감상해 보세요.
   Choose one piece of the genre paintings included in *Danwon Pungsokdo-cheop* and appreciate it.

1. ※감상 포인트: 서민들의 일상생활을 자연스럽고 익살스럽게 표현했다.

6 《혜원 전신첩》 *Hyewon Jeonsin-cheop*

신윤복, 〈쌍검대무〉
Sin Yun-bok,
Ssanggeomdaemu
ⓒ 간송미술문화재단

《혜원 전신첩》은 신윤복이 당대 사람들의 생활 모습을 그린 풍속화를 모아 엮은 책이다. 과거에 불법적인 경로로 일본으로 유출되었던 이 책은 1930년대에 간송 전형필이 일본 고미술상에게 구입해서 한국으로 가져와, 현재 한국의 간송미술문화재단이 소장하고 있다. 《혜원 전신첩》에는 권력을 가진 양반들이 조선 시대 궁중의 음악과 무용에 관련한 일을 담당하던 관청인 장악원의 악공들과 가무에 능한 기생을 불러 즐기는 장면을 그린 〈쌍검대무〉를 비롯하여 〈단오풍정〉, 〈야금모행〉, 〈월하정인〉 등 30점의 그림이 실려 있다. 이 책을 통해 양반들의 위선적인 모습, 남녀 간의 로맨스, 기생이나 무당 같은 여인들의 모습을 섬세하게 그린 신윤복의 풍속화를 살필 수 있다.

Hyewon Jeonsin-cheop(Album of Genre Paintings by Hyewon) is a book of genre paintings by Sin Yun-bok, depicting the daily lives of the people of his time. In the past, this book, which had been taken out of the country and smuggled to Japan by an illegal route, was purchased by Gansong Jeon Hyeong-pil from a Japanese art collector in the 1930s and brought back to Korea. Gansong Art and Culture Foundation in Seoul currently possesses this book. *Hyewon Jeonsin-cheop* contains 30 paintings, including *Ssanggeomdaemu*(Dance with Two Swords), which depicts a scene in which Yangbans with power have fun with gisaengs who are good at singing after bringing musicians from Jangakwon, the government office in charge of music and dance in the court of the Joseon Dynasty; *Danopungjeong*(Scene of Dano Day); *Yageummohaeng*(Venturing Out after Curfew); *Wolhajeongin*(Lovers under the Moon). Through this book, people can examine Sin Yun-bok's genre paintings, which depict delicately the hypocritical behavior of Yangban, romances between men and women, and women's appearances as gisaengs or shamans.

1. 《혜원 전신첩》에 수록된 풍속화들 중 1점을 찾아 감상해 보세요.
    Choose one piece of the genre paintings included in *Hyewon Jeonsin-cheop* and appreciate it.

1. ※감상 포인트: 양반들의 위선적인 모습, 남녀 간의 로맨스 등을 섬세하게 표현했다.

풍속과 미학:
김홍도와 신윤복

1 　조선 후기에 발달한 실학사상은 서민의 삶뿐 아니라 과학과 기술, 예술 등에
많은 영향을 끼쳤다. 특히 예술 분야에서는 실학사상의 영향으로 불교와 같은 종
교적 미술보다, 일반 회화나 실용적 목적의 공예가 발달했다. 이에 더하여 전문적인
직업 화가인 화원들이 왕실이나 국가 행사와 관련한 그림을 그리던 관청인 도화
5 서에 소속되어 있으면서도 개성적 기량을 펼쳐 조선 시대 독특한 회화 발전에 기여
했다.

　영조와 정조 시대 도화서의 화원 출신으로 활약했던 대표적인 화가로 김홍도와
신윤복을 꼽을 수 있다. 두 화가는 비슷한 시기에 활동하면서 일상생활을 그림으
로 표현하는 풍속화를 그렸다는 공통점을 가지는데, 소재의 선정과 인물의 표현 및
10 화면 구도와 채색 방법 등에서는 많은 차이점이 나타난다.

Vocabulary

- 후기 latter period
- 기술 technology; skill
- 종교적 religious
- 공예 crafts; handcraft
- 왕실 royal family
- 기량 ability; skills
- 기여하다 to contribute; to serve
- 일상생활 daily life; everyday life
- 소재 materials
- 구도 composition

- 실학사상 Silhak Movement
- 끼치다 to cause; to influence
- 회화 painting
- 전문적인 professional
- 소속되다 to belong to; to be affiliated
- 펼치다 to implement
- 출신 origin
- 풍속화 genre painting
- 선정 selection
- 채색 coloring

- 서민 ordinary person; commoner
- 불교 Buddhism
- 실용적 practical
- 화원 court painter in the Joseon Dynasty
- 개성적 personal; characteristic
- 독특한 unique
- 활약하다 to play an active role
- 공통점 something in common; similarity
- 인물 person; figure; character
- 차이점 difference

김홍도(1745~?)는 경기도 안산에서 태어났고, 그의 호(號, 허물없이 쓰기 위해 지은 별명 같은 이름)는 '박달나무가 있는 숲'이라는 뜻의 '단원'이다. 그는 같은 지역에 살던 유명한 화가이자 문관이었던 강세황의 추천으로 20세 즈음에 도화서의 화원이 되었다.

15 김홍도는 도화서 화원으로 28세 때 영조의 어진을, 36세에 정조의 어진을 그리는 데 함께했다. '그림에 관한 일은 모두 홍도에게 주관하도록 하였다.'라는 기록이 있을 정도로 정조로부터 인정과 관심을 받은 그는 임금의 지원으로 산수화, 풍속화, 신선화, 인물화, 불화 등 다양한 종류의 그림을 그렸다. 이 중 〈화성능행도〉는 정조의 아버지인 사도 세자의 무덤이 있는 수원 화성 행차의 장면을 김홍도의 지
20 휘 하에 도화서 화원들이 함께 그린 작품이다. 김홍도는 이 작품에서 사도 세자를 향한 아들 정조의 효심과, 신도시 화성 건설을 통해 나타난 정조의 백성에 대한 사랑 및 개혁 군주로서의 모습을 생생하게 묘사하고자 하였다.

무엇보다도 김홍도는 일반 서민들의 삶이나 농촌의 생활 모습을 재치 있게 표현해 조선 후기 사람들의 정서를 잘 보여 준 풍속 화가로 손꼽힌다. 그의 《단원 풍
25 속도첩》에 실린 대표적인 풍속화로는 〈서당〉, 〈씨름〉, 〈춤추는 아이〉, 〈활쏘기〉 등이

- 허물없이 informally
- 어진 king's portrait
- 임금 king
- 불화 Buddhist painting
- 장면 scene
- 효심 filial love
- 백성 subject; the people
- 생생하게 vividly; clearly
- 정서 sentiment; emotion
- 서당 village school

- 문관 civil official
- 주관하다 to be in charge of
- 지원 support
- 세자 crown prince
- 지휘 하에 under the command of
- 신도시 new town
- 개혁 reform
- 묘사하다 to describe; to depict
- 손꼽히다 to be considered great
- 씨름 Korean traditional wrestling

- 즈음 when; at the time
- 인정 recognition
- 신선화 Taoist painting
- 행차 visit to a place; parade
- 작품 piece; work of art
- 건설 construction
- 군주 king; monarch
- 재치 wit
- 실리다 to be included
- 활쏘기 shooting an arrow; archery

있다. 특히 〈춤추는 아이〉(5장 167쪽 그림 참고)는 아이 주변으로 6개의 악기(북, 장구, 향피리 2개, 대금, 해금)를 연주하는 사람들이 원형 구도로 앉아 있는 모습을 그려, 18세기 전통 음악이 귓가에 들리는 듯하고 춤추는 아이의 흥이 눈에 선하게 보이는 듯 생동감이 느껴진다. 그의 〈씨름〉(5장 167쪽 그림 참고)도 서로 맞붙어 힘을

30 겨루는 2명의 씨름꾼을 중심으로 주변 구경꾼들을 원형 구도로 배치한 풍속화이다. 이 그림은 왼쪽에 서 있는 엿장수가 구경꾼들 틈에 위치하여, 또 씨름꾼들의 벗은 신발은 오른쪽에 놓여서 원형 구도에 기여하고 있다는 평가를 받고 있다. 이처럼 작품은 빈틈없는 구성과 함께 인물들의 풍부한 표정 및 구경꾼들의 열띤 분위기를 잘 나타내어 오늘날에도 명작으로 손꼽히고 있다.

35 대부분의 화원들이 단순한 기술직이었던 것과 달리, 김홍도는 정조의 총애를 받아 당시의 높은 관직인 '현감'에까지 올랐다. 하지만 1800년 정조가 사망한 후 병과 경제적 어려움으로 힘든 생활을 하다가 1806년경 사망한 것으로 보인다.

1 신윤복(1758~?)은 도화서 화원이었던 아버지의 영향을 받아 어려서부터 그림을 그렸다. 그의 아버지 신한평은 초상화에 빼어난 솜씨를 보여 왕의 초상화인 어

- 북 Buk drum
- 대금 Daegeum flute
- 귓가 rim of the ear
- 생동감 vividness
- 씨름꾼 ssireum wrestler
- 틈 among
- 풍부한 full of
- 명작 masterpiece
- 총애 favor
- 사망하다 to die

- 장구 Janggu drum
- 해금 Haegeum fiddle
- 흥 excitement; joy
- 맞붙다 to play against
- 구경꾼 onlooker
- 빈틈없는 perfect; seamless
- 열띤 enthusiastic
- 기술직 technical work position
- 당시 then; at that time
- 초상화 portrait

- 향피리 Hyangpiri oboe
- 원형 circle
- 선하게 vividly
- 겨루다 to compete
- 엿장수 taffy seller
- 구성 composition
- 오늘날 these days; nowadays
- 달리 unlike
- 관직 government position
- 빼어난 excellent

진의 제작에 3번이나 참여한 화원으로도 유명하다. 조선 시대 나라의 의례(儀禮)
과정을 기록한 의궤를 제작할 때에 참여했을 만큼 뛰어난 그림 솜씨를 가진 신한
5 평의 풍속화로는 〈자모육아(慈母育兒)〉가 현존한다. 이를 통해 현대 사람들은 신한
평이 신윤복의 화풍에 큰 영향을 주었으리라 짐작하고 있다.

신윤복은 '난초가 아름답게 핀 정원'이라는 의미의 '혜원'을 호로 삼아 활동했
고, 김홍도와 마찬가지로 인물화와 풍속화 그리고 산수화 등 많은 회화 작품을 남
겼다. 《혜원 전신첩》은 그의 그림을 모아 엮은 책으로, 〈단오풍정〉과 〈야금모행〉,
10 〈월하정인〉 등 그의 대표적인 풍속화가 실려 있다. 이 책은 일정한 직업을 가지지
않은 채 놀고먹던 말단 양반 계층인 한량과 기생을 중심으로 한 남녀 사이의 애정,
낭만 혹은 양반 사회의 풍류를 신윤복의 섬세한 붓 선과 세련된 색채로 그려 낸 대
표 작품들을 담고 있다.

그중 〈단오풍정〉은 시냇가에서 몸을 씻고 그네를 타며 한국 명절의 하나인 단
15 오를 즐기는 여인들의 모습을 그린 풍속화로, 단옷날의 풍습을 생생하게 담았다
는 점과 여인들의 모습을 훔쳐보는 어린 승려들의 익살스러운 모습이 인상적이다.
이와 더불어 〈야금모행〉은 야간에 다니지 못하게 하였던 당시 통행금지 시간 동안

• 솜씨 skills; dexterity	• 의례 rite; ritual	• 의궤 collection of royal protocols
• 제작하다 to produce	• 뛰어난 outstanding	• 현존하다 to exist
• 화풍 style of painting	• 짐작하다 to guess; to assume	• 난초 orchid
• 엮다 to compile	• 일정한 regular	• 놀고먹다 to live idle
• 말단 low-ranking	• 계층 class; stratum	• 한량 idle literati or playboy
• 기생 female entertainer	• 애정 love; affection	• 낭만 romance
• 풍류 taste for the arts	• 섬세한 delicate	• 붓 brush
• 색채 coloring	• 시냇가 stream bank	• 그네 swing
• 훔쳐보다 to peek	• 승려 Buddhist monk	• 익살스러운 comical; funny
• 인상적 being impressive	• 야간 nighttime	• 통행금지 curfew

도성 안을 돌며 위반자들을 잡아들였던 순라군에게 붙잡힌 양반 신분으로 짐작되
는 남자와 담뱃대를 물고 있는 다른 신분의 여인을 통해, 당대 문화와 양반에 대
20 한 작가의 시선을 엿볼 수 있다.

남녀 간의 애정을 직접적으로 묘사한 그림을 많이 그렸던 반면에 〈봄날이여 영
원하라〉(5장 167쪽 그림 참고)와 같이 마루에 놓인 신발 두 켤레를 그림으로써 방
안에 남녀가 있으리라 짐작하게 만드는 작품도 있다. 이는 기둥에 '사시장춘(四時
長春, 어느 때나 늘 봄과 같다.)'이라는 글을 써 넣어 남녀의 정(情)을 봄에 비유한 작
25 가의 의도를 부각시켰다는 점에서 보는 재미를 더한다.

신윤복의 작품으로 널리 알려진 〈미인도〉는 아름다운 여인의 전신 초상화로, 장
식용 올림머리를 한 여인이 짧고 작은 저고리에 풍성한 치마를 입고 있는 아름다운
그림이다. 〈미인도〉의 인물은 양반 가문의 여인이라기보다 술자리에서 노래나 춤
으로 흥을 돋우는 일을 직업으로 하는 기생으로 보이는데, 겨드랑이와 깃, 옷고름
30 그리고 소매 끝동에 다른 색의 천을 대어서 한복의 멋을 더했다는 점에서도 주목
받고 있다.

신윤복의 《여속도첩》에 담긴 그림들에는 당대 다양한 여성들의 모습이 나타나

있다. 조선 시대 여자들이 나들이할 때 쓰던 모자인 전모를 쓰고 녹색의 짧은 저
고리에 풍성한 치마를 두른 〈전모를 쓴 여인〉(5장 167쪽 그림 참고)이나, 한국의 대
35 표적 현악기인 거문고를 만지고 있는 〈거문고 줄 고르는 여인〉(5장 167쪽 그림 참고)
의 주인공들을 통해 당시 기생의 차림새를 알 수 있다. 뿐만 아니라 저자('시장'을
예스럽게 이르는 말)에서 만난 두 여인이 대화하는 듯한 모습을 그린 〈저잣길〉(5장
178쪽 그림 참고)에서는 일반 여인들의 모습도 살펴볼 수 있다. 이처럼 신윤복은
조선 시대 후기 여성들의 모습을 그 누구보다도 많은 그림으로 남겼다.

40　　신윤복의 노년에 대해서는 알려진 바가 거의 없고 그 흔한 초상화나 자화상도 남
겨져 있지 않지만, 1814년경 사망한 것으로 추정된다. 살아생전 신윤복은 유교 사
상이 강했던 조선 시대의 양반 문화를 풍자하고 남녀의 사랑이나 노출 장면을 대
담하게 드러냈다. 그리하여 그의 작품은 조선 후기 양반들의 생활 모습 및 당대
의복과 관련된 문화를 현대 사람들이 이해하는 데 큰 역할을 하고 있다.

1　　김홍도와 신윤복이 남긴 풍속화를 통해 현대인들은 조선 시대 사람들의 삶을
엿볼 수 있다. 그런데 두 화가의 작품은 여러 면에서 대조적이다.

- 끝동　the cuff (of a sleeve)
- 나들이하다　to go out
- 현악기　string instrument
- 주인공　main character
- 이르다　to call
- 흔한　common
- 살아생전　in one's life time
- 노출　exposure
- 관련되다　to be related
- 현대인　modern people

- 천　cloth; fabric
- 전모　conical hat
- 거문고　Geomungo zither
- 차림새　attire; outfit
- 노년　old age
- 자화상　self-portrait
- 유교　Confucianism
- 대담하게　boldly
- 이해하다　to understand
- 면　aspect

- 주목받다　to receive attention
- 두르다　to wear
- 고르다　to play; to tune
- 예스럽게　quaintly
- 알려진 바　known
- 추정되다　to be assumed
- 풍자하다　to satirize
- 의복　clothes
- 역할　role
- 대조적　contrasting

　　김홍도는 나라와 왕실 행사와 관련한 그림을 그리는 동시에, 남녀노소 할 것 없이 각계각층의 사람들을 등장시킨 풍속화를 그렸다. 〈논갈이〉, 〈씨름〉, 〈춤추는 아이〉에서처럼 김홍도의 풍속화는 주로 서민들의 소박하고 다양한 일상생활을 소재로 하여 생동감 있는 붓 선, 동적인 원형 구도, 최소화된 배경 묘사, 단순한 채색이라는 특징을 보여 주고 있다. 반면 신윤복은 아름다운 여인과 양반을 많이 등장시킨 풍속화를 통해 남녀 간 애정, 양반들의 풍류나 위선, 신분 간 갈등 등을 이야기했다. 또 신윤복의 풍속화는 가늘고 부드러운 붓 선, 정적인 수평이나 수직 구도, 자세하고 꼼꼼한 배경 묘사, 세련되고 화려한 채색이라는 특징을 가지고 있다.

　　그럼에도 불구하고 김홍도와 신윤복은 정치적 안정과 서민 경제의 발전으로 회화 작품에 대한 관심과 수요가 커졌던 시대적 흐름 덕분에 한국적이고 독창적인 풍속화의 발전을 이끌었다는 점에서 공통점을 가진다. 안타깝게도 이들이 죽은 후 풍속화는 쇠퇴의 길로 접어들었지만, 현대 한국인들은 이들의 작품을 통해 조선 시대 사람들의 다양한 얼굴 표정, 놀이, 노동, 옷차림 등을 직접 눈으로 보고 그 시절에 살았던 것처럼 생생하게 살필 수 있다.

Vocabulary

- 남녀노소 men and women of all ages
- 논갈이 plowing a rice field
- 최소화 minimization
- 위선 hypocrisy
- 수평 horizontality
- 불구하다 nevertheless
- 수요 demand
- 한국적 being Korean
- 안타깝게도 sadly
- 노동 labor
- 각계각층 all levels of society
- 소박하다 to be simple
- 배경 background
- 갈등 conflict
- 수직 verticality
- 정치적 political
- 시대적 periodic
- 독창적인 creative; unique
- 쇠퇴 decline
- 옷차림 attire
- 등장시키다 to bring out
- 동적 dynamic
- 특징 characteristics; feature
- 정적 static
- 꼼꼼한 meticulous
- 안정 stability
- 흐름 flow
- 이끌다 to lead; to guide; to head up
- 접어들다 to enter
- 시절 days; years

그림으로 보는 조선 시대 사람들

　김홍도와 신윤복이 남긴 풍속화를 통해 현대인들은 조선 시대 사람들의 삶을 엿볼 수 있다. 특히 김홍도의 그림을 통해 서민들의 삶의 풍속을 살필 수 있고, 신윤복의 그림을 통해 그때까지 조명되지 않았던 기생을 비롯한 다양한 계층의 삶의 이면을 살필 수 있다.

① 김홍도, 〈논갈이〉 Kim Hong-do, *Nongari* (Plowing a Rice Field)
② 김홍도, 〈씨름〉 Kim Hong-do, *Ssireum* (Korean Traditional Wrestling)
③ 김홍도, 〈춤추는 아이〉 Kim Hong-do, *Chumchuneun Ai* (A Dancing Boy)
ⓒ 국립중앙박물관

1	2	3

④ 신윤복, 〈봄날이여 영원하라〉 Sin Yun-bok, *Bomnariyeo Yeongwonhara* (Wishing Spring Would Last Forever)
⑤ 신윤복, 〈전모를 쓴 여인〉 Sin Yun-bok, *Jeonmoreul Sseun Yeoin* (Woman Wearing a Conical Hat)
⑥ 신윤복, 〈거문고 줄 고르는 여인〉 Sin Yun-bok, *Geomungo Jul Goreuneun Yeoin* (Woman Playing the Geomungo)
ⓒ 국립중앙박물관

4	5	6

❶ N + 에 영향을 끼치다/미치다 (to affect; to have an influence on)

- 조선 후기에 발달한 실학사상은 서민의 삶뿐 아니라 과학과 기술, 예술 등에 많은 영향을 끼쳤다.
  The Silhak(practical learning) Movement, which was developed in the late Joseon Dynasty, had a great influence not only on the lives of common people, but also on the realms of science, technology, and art.

- 클래식은 아이의 정서 발달에 좋은 영향을 미친다.
  Classical music positively affects a child's emotional development.

- 경제의 악화는 많은 사람들의 실생활에 영향을 끼친다.
  The deteriorating economy affects the daily lives of many people.

❷ 기량을 펼치다 (to show one's skills)

- 전문적인 직업 화가인 화원들이 왕실이나 국가 행사와 관련한 그림을 그리던 관청인 도화서에 소속되어 있으면서도 개성적 기량을 펼쳐 조선 시대 독특한 회화 발전에 기여했다.
  Hwawons, professional court painters belonging to Dohwaseo, a government office tasked with creating paintings depicting the royal family and national events, showed their distinct skills and contributed to the evolution of unique paintings during the Joseon Dynasty.

- 예술적 기량을 펼치기 위해 날마다 열심히 연습하고 있다.
  I practice hard every day to show my artistic skills.

- 체육 대회에서 우리 팀 선수들이 최고의 기량을 펼치고 있다.
  Our team players are showing their best skills during sports competitions.

❸ N + 에 기여하다 (to contribute to)

- 전문적인 직업 화가인 화원들이 왕실이나 국가 행사와 관련한 그림을 그리던 관청인 도화서에 소속되어 있으면서도 개성적 기량을 펼쳐 조선 시대 독특한 회화 발전에 기여했다.
  Hwawons, professional court painters belonging to Dohwaseo, a government office tasked with creating paintings depicting the royal family and national events, showed their distinct skills and contributed to the evolution of unique paintings during the Joseon Dynasty.

- 기업들은 사회의 발전에 기여한다.
  Corporations contribute to social development.

- 그 선수가 이번 경기의 승리에 크게 기여했다.
  The player contributed greatly to the victory of this game.

❹ N+(으)로부터 관심을 받다 (to receive attention)

- 정조로부터 인정과 관심을 받은 그는 임금의 지원으로 다양한 종류의 그림을 그렸다.
  Kim Hong-do, who received recognition and attention from King Jeongjo, painted various types of paintings with the king's support.

- 그 피아노 연주자는 관객으로부터 많은 관심을 받았다.
  The piano player received the attention of the audience greatly.

- 새로운 디자인의 휴대폰이 젊은 사람들로부터 관심을 받았다.
  A mobile phone with a new design received attention from young people.

---

❺ N+(으)로 손꼽히다 (to be considered great; to be one of the great masterpiece)

- 김홍도는 일반 서민들의 삶이나 농촌의 생활 모습을 재치 있게 표현해 조선 후기 사람들의 정서를 잘 보여 준 풍속 화가로 손꼽힌다.
  Kim Hong-do is also considered a great genre painter who wittily illustrated the lives of ordinary people and rural life, revealing the emotions of people in the late Joseon Dynasty.

- 오늘 본 영화는 명작으로 손꼽힌다.
  The movie I watched today is one of the great masterpieces.

- 그는 훌륭한 야구 선수로 손꼽히는 사람이다.
  He is considered a great baseball player.

---

❻ 눈에 선하게 보이다 (to be visible clearly; to see clearly)

- 〈춤추는 아이〉는 18세기 전통 음악이 귓가에 들리는 듯하고 춤추는 아이의 흥이 눈에 선하게 보이는 듯 생동감이 느껴진다.
  Chumchuneun Ai feels lively, as if you can hear the traditional music of the 18th century in your ears and can clearly see the excitement of a dancing child.

- 앞으로 닥쳐올 어려움이 눈에 선하게 보인다.
  The difficulties expected in the future are clearly visible.

- 돌아가신 할머니의 모습이 아직도 눈에 선하게 보인다.
  The image of my deceased grandmother is still clearly visible in my mind.

❼ N+와/과 달리 (unlike; compared to) ▶ 5장 171쪽 '❿ N+와/과 마찬가지로' 참고

- 대부분의 화원들이 단순한 기술직이었던 것과 달리, 김홍도는 정조의 총애를 받아 당시의 높은 관직인 '현감'에까지 올랐다.
  Unlike most Hwawons who had simple technical positions, Kim Hong-do was favored by King Jeongjo and rose to the position of 'Hyeongam,' a high government position at that time.

- 나는 누나와 달리 운동을 좋아한다.
  Unlike my older sister, I enjoy exercising.

- 작년과 달리 올해는 벚꽃이 더 빨리 피었다.
  The cherry blossoms bloomed earlier this year compared to last year.

---

❽ 총애를 받다 (to be favored; to be loved)

- 대부분의 화원들이 단순한 기술직이었던 것과 달리, 김홍도는 정조의 총애를 받아 당시의 높은 관직인 '현감'에까지 올랐다.
  Unlike most Hwawons who had simple technical positions, Kim Hong-do was favored by King Jeongjo and rose to the position of 'Hyeongam,' a high government position at that time.

- 그 학생은 상냥해서 어디를 가든지 선생님들에게 총애를 받는다.
  That student is so kind that he is loved by teachers wherever he goes.

- 그림에 재능이 있는 내 친구는 미술 선생님들께 총애를 받고 있다.
  My friend is skilled at drawing and is loved by art teachers.

---

❾ N+(으)로 유명하다 (to be famous for/as) ▶ 4장 134쪽 '❸ 이름을 떨치다' 참고

- 그의 아버지 신한평은 초상화에 빼어난 솜씨를 보여 왕의 초상화인 어진의 제작에 3번이나 참여한 화원으로도 유명하다.
  His father, Sin Han-pyeong, was famous as a Hwawon who, due to his outstanding portraiture skills, participated in painting Eojin, a portrait of a king, even three times.

- 학교 옆 식당은 비빔밥이 맛있기로 유명하다.
  The restaurant adjacent to the school is famous for its delicious bibimbap.

- 한국의 아이돌은 뛰어난 가창력과 춤 실력으로 유명하다.
  Korean idols are famous for their exceptional singing abilities and dancing skills.

⑩ N+와/과 마찬가지로 〔(just) like+noun; the same as〕 ▶ 5장 170쪽 '❼ N+와/과 달리' 참고

- 신윤복은 김홍도와 마찬가지로 인물화와 풍속화 그리고 산수화 등 많은 회화 작품을 남겼다.
  Just like Kim Hong-do, Sin Yun-bok left behind many paintings, including portraits, genre paintings, and landscapes.

- 지금의 상황은 작년과 마찬가지이다.
  The current situation is the same as it was last year.

- 오랜만에 만난 초등학교 친구의 모습이 예전과 마찬가지였다.
  The elementary school friend I met after a long time looked the same as before.

---

⑪ 생생하게 담다 (to capture vividly)

- 〈단오풍정〉은 단옷날의 풍습을 생생하게 담았다는 점과 여인들의 모습을 훔쳐보는 어린 승려들의 익살스러운 모습이 인상적이다.
  Danopungjeong is impressive in that it vividly captures the customs of Dano Day and the humorous scenes of young monks taking a peek at women.

- 그 작가는 숲속의 모습을 글로 생생하게 담으려고 노력했다.
  The writer tried to capture vivid images of the forest through his writing.

- 경기 현장을 생생하게 담은 비디오 영상이 인기를 얻고 있다.
  Videos that vividly capture the game scene are becoming more popular.

---

⑫ N+와/과 더불어 (in addition; and; along with) ▶ 1장 40쪽 '⑬ N+와/과 아울러' 참고

- 이와 더불어 〈야금모행〉은 당대 문화와 양반에 대한 작가의 시선을 엿볼 수 있다.
  In addition, *Yageummohaeng* provides a glimpse into the painter's perspective on Yangbans and their culture at that time.

- 이번 독감은 기침과 더불어 열까지 심하다고 한다.
  This flu is said to cause severe coughing and fever.

- 지금 백화점에서 할인과 더불어 사은품 증정 행사까지 진행하고 있다.
  Department stores are currently offering discounts and free gifts.

⑬ 멋을 더하다 (to add style to)

- 〈미인도〉의 인물은 기생으로 보이는데, 겨드랑이와 깃, 옷고름 그리고 소매 끝동에 다른 색의 천을 대어서 한복의 멋을 더했다는 점에서도 주목받고 있다.
  The character in *Miindo*(A Beautiful Woman) appears to be a gisaeng, and is also attracting attention in that different colored fabrics are attached to the armpits, collar, robe, and cuffs of the sleeves to add style to hanbok.

- 그 모델은 안경과 양말로 패션에 멋을 더했다.
  The model added style to his fashion with glasses and socks.

- 나는 커피에 멋을 더하기 위해 라떼 아트 연습을 하고 있다.
  I am practicing latte art skills to add style to coffee.

---

⑭ 알려진 바가 (거의) 없다 (very little is known)

- 신윤복의 노년에 대해서는 알려진 바가 거의 없고 그 흔한 초상화나 자화상도 남겨져 있지 않지만, 1814년경 사망한 것으로 추정된다.
  Little is known about Sin Yun-bok in his old age, and no typical portraits or self-portraits remained, but he is presumed to have died around 1814.

- 새 백신에 대한 효과는 자세히 알려진 바가 없다.
  The effects of the new vaccine are not known in detail.

- 옛 기록을 보면 그 화원에 대해 알려진 바가 거의 없다.
  Looking at old records, little is known about the court painter.

---

⑮ V+는 데 역할을 하다 (to play a role in)

- 그의 작품은 조선 후기 양반들의 생활 모습 및 당대 의복과 관련된 문화를 현대 사람들이 이해하는 데 큰 역할을 하고 있다.
  His works play a significant role in helping modern people understand the lifestyles of Yangbans in the late Joseon Dynasty and the culture related to clothing of the time.

- 휴식은 스트레스를 줄이는 데 아주 중요한 역할을 한다.
  Rest plays a crucial role in alleviating stress.

- 그 과학자는 이 사실을 세상에 알리는 데 결정적인 역할을 하였다.
  The scientist played a decisive role in bringing this to the world's attention.

⑯ 삶을 엿보다 (to get a glimpse into)

- 김홍도와 신윤복이 남긴 풍속화를 통해 현대인들은 조선 시대 사람들의 삶을 엿볼 수 있다.
  In the genre paintings left behind by Kim Hong-do and Sin Yun-bok, modern people can get a glimpse into the lives of people during the Joseon Dynasty.

- 시인의 삶을 엿보고 싶어 그의 고향을 방문했다.
  I visited the poet's hometown because I wanted to get a glimpse into his life.

- 민속촌은 과거 한국인의 삶을 엿볼 수 있는 곳이다.
  The Folk Village is a place to get a glimpse into the daily lives of Korean people from the past.

---

⑰ V+는 동시에 (at the same time)

- 김홍도는 나라와 왕실 행사와 관련한 그림을 그리는 동시에, 남녀노소 할 것 없이 각계각층의 사람들을 등장시킨 풍속화를 그렸다.
  Kim Hong-do created genre paintings featuring people from all levels of society, regardless of age or gender, at the same time making paintings related to the royal family and national events.

- 어젯밤 큰비가 내리는 동시에 번개가 치고 천둥이 울렸다.
  Last night, there was heavy rain along with lightning and thunder occurring at the same time.

- 내가 문자 메시지를 보내려는 동시에 친구에게서 전화가 걸려 왔다.
  At the same time as I was attempting to send a text message, I received a call from my friend.

---

⑱ 덕분에 (thanks to) ▶ 3장 105쪽 '❹ N+탓에' 참고

- 김홍도와 신윤복은 시대적 흐름 덕분에 한국적이고 독창적인 풍속화의 발전을 이끌었다는 점에서 공통점을 가진다.
  Kim Hong-do and Sin Yun-bok have something in common in that they led the development of Korean and original genre paintings thanks to the trends of the times.

- 네 덕분에 어제 일을 잘 끝낼 수 있었다.
  Thanks to your help, I was able to complete my work well yesterday.

- 선생님 지도 덕분에 학교생활을 잘할 수 있었다.
  Thanks to my teacher's guidance, I excelled in school.

 **확인 문제** Reading Comprehension

※ 본문을 읽고 다음 질문에 답해 보세요.
Read the text and answer the following questions.

1. 다음 기사문을 읽고, 밑줄 친 단어에 대한 알맞은 뜻풀이를 써 보세요.
Read the following passage and write the appropriate definitions of the underlined words.

> 임진왜란과 병자호란 등 외세의 침략이 잦았던 한국은 수많은 문화재를 강제로 빼앗겼다. 오늘날 한국 정부는 해외로 유출된 한국 문화재를 가져오기 위해 국제적 협력을 꾀하고 있다. 조선 시대 전기 화원이었던 안견이 그린 〈몽유도원도〉 또한 일본 덴리 대학 도서관에 소장되어 있어 안타까움을 사고 있다.

(1) 유출: ______________________________

(2) 화원: ______________________________

(3) 소장: ______________________________

2. 다음 문장을 읽고 옳은 것은 ○, 틀린 것은 ×표를 해 보세요.
Read each sentence and write ○ if correct and × if incorrect.

(1) 서당은 조선 시대 초등 교육을 맡아 하던 사립 학교였다. ( )

(2) 김홍도는 조선 후기 서민들의 일상생활을 자연스럽고 익살스럽게 표현했다. ( )

(3) 《단원 풍속도첩》은 신윤복의 작품집이다. ( )

1. (1) 귀중한 물품이나 정보 따위가 불법적으로 나라나 조직의 밖으로 나가 버리다. 또는 그것을 내보내다. (2) 조선 시대 나라나 왕실의 주문을 받아 그림을 그리던 관청인 도화서에 속해 있던 전문 화가이다. (3) 자기의 것으로 지니어 간직하다. 또는 그 물건.
2. (1) ○ (2) ○ (3) ×

3. 다음 글을 읽고, 빈칸에 알맞은 말을 써 보세요.
Read the following passage and fill in the blank with the appropriate word.

> 조선 후기에는 실생활에 도움이 되는 실용적 학문으로서 (   )이/가 조선 사회의 중심 사상으로 자리를 잡았다. 조선 정조 시기 청나라의 풍속과 제도를 살펴보고 돌아온 박제가는 《북학의》를 써서 상공업을 진흥하여 조선을 부강한 나라로 만들어야 한다고 주장했다. 마찬가지로 박지원은 정조 때 청나라 황제의 *칠순 잔치를 축하하는 *사절단으로 청나라에 도착해 황제의 *별장이 있는 열하를 방문한 경험을 《열하일기》로 펴내어 앞선 문물을 배우고자 하였다.
>
> ———————
>
> *칠순 70 years old; age of 70 　　　*사절단 delegation; envoy
> *별장 country house; holiday house; cottage

4. 다음 [보기]를 읽고, 해당되는 내용을 <u>모두</u> 골라 보세요.
Read the following examples and choose all that apply to Yeongjo's or Jeongjo's achievements.

> **[보기]**
> (가) 붕당에 관계없이 인재를 골고루 뽑아 쓰는 탕평책을 실시했다.
> (나) 정약용으로 하여금 수원 화성을 설계하도록 하였다.
> (다) 왕립 도서관으로서 규장각을 설치하였다.
> (라) 균역법을 실시하여 백성들의 세금 부담을 줄이고자 하였다.

(1) 영조의 업적: (   ), (   ).

(2) 정조의 업적: (   ), (   ), (   ).

5. 다음 글을 읽고, 빈칸에 알맞은 말을 써 보세요.
Read the following passage and fill in the blank with the appropriate word.

ⓒ 셔터스톡

조선 시대 정약용이 만든 이 기구는 마치 도르래처럼 무거운 물건을 좀 더 쉽게 들어 올리는 데 쓰여 수원 화성을 지을 때 크게 도움이 되었다. 이 기구의 발명으로 조선 백성들은 큰 수고를 덜게 되었고, 조정은 수원 화성을 짓는 공사 기간과 비용을 크게 줄일 수 있었다. 이 기구의 이름은 (   )이다.

6. 다음은 그림에 대한 감상문입니다. 빈칸에 자신의 생각을 써 보세요.
Read the following review and fill in the blank with the appropriate word.

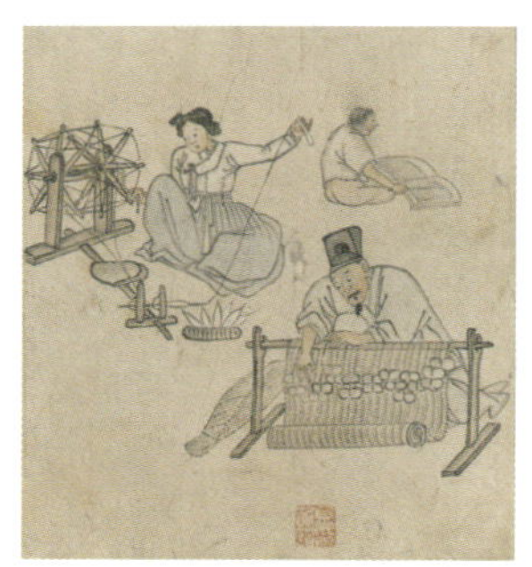

김홍도, 〈자리 짜기〉
Kim Hong-do, *Jari Jjagi* (Weaving Mats)
ⓒ 국립중앙박물관

김홍도가 그린 〈자리 짜기〉는 어린 아들이 글을 읽는 소리에 맞추어 아버지는 자리를 짜고 어머니는 물레를 돌려 실을 뽑는 풍경을 자연스럽게 그려 냈다.

자리란 대나무 등을 짜서 만든 앉거나 누울 수 있도록 바닥에 까는 물건이고, 물레는 솜이나 털과 같은 섬유로 실을 만드는 옛날 기구이다.

김홍도의 그림은 조선 시대 (   )의 일상생활과 한국의 시대 문화를 함께 이해하는 데 크게 도움이 된다.

7. 다음 그림을 보고 빈칸에 공통으로 들어갈 알맞은 말을 써 보세요.
Read the following review and fill in the blanks with the same word.

신윤복, 〈투계도〉
Sin Yun-bok, *Tugyedo*(Cockfight)
ⓒ 국립중앙박물관

　이 그림은 신윤복의 〈투계도(鬪鷄圖)〉로, 닭이 싸우는 '투계'를 그린 조선 시대 그림들 중 가장 널리 알려져 있다. 신윤복은 그림 상단에 "거들먹거리며 걷는 것은 잘난 척하는 것 같고, 곁으로 듣는 것은 위태한지 살피는 것 같구나."라는 중국 당나라 시인의 글을 인용하여 조선 시대 (　　　　)들의 모습을 비꼬았다.
　그가 표현하려 했던 조선 시대 (　　　　)들은 풍류를 즐기면서도 위선적인 모습을 보이는 사람들이었다.

8. 다음 글을 읽고 **틀린** 것을 골라 보세요.
Read the following passage and choose the incorrect one.

공앤박미술관 전시회

조선 후기 천재 화가들: 김홍도와 신윤복

- 날짜: 20○○년 ○○월 ○○일
- 장소: 공앤박미술관 제1 전시실
- 전시회 설명:

　'조선 후기 천재 화가들: 김홍도와 신윤복'에서는 조선 후기 풍속화의 대가인 단원 김홍도와 혜원 신윤복을 만날 수 있다. 먼저 이번 전시의 대표작에 대해 살펴보자. 하나는 김홍도의 〈씨름〉으로, ① 씨름꾼 주위로 구경꾼들을 원형으로 배치하여 특유의 익살스러움을 표현하고 있다. 그 다음 신윤복의 〈단오풍정〉은 ② 시냇가에서 머리를 감고 그네를 타면서 한국의 명절인 단오를 즐기는 여인들의 모습을 그린 작품이다.
　김홍도와 신윤복은 ③ 정치적 안정과 서민 경제의 발전으로 회화 작품에 대한 관심과 수요가 커졌던 조선 전기에 ④ 한국적이고 독창적인 풍속화의 발전을 이끌었다는 공통점을 가진다.

Activity
활동 **2-1**

Speak!

다음 풍속화에 등장하는 인물들이 어떤 대화를 나누고 있을지 이야기해 보세요.

Look at the characters in the paintings and discuss what kind of conversations they have.

김홍도, 〈활쏘기〉
Kim Hong-do, *Hwalssogi*
(Shooting an Arrow)
ⓒ 국립중앙박물관

―――――
*군관 government official
 dealing with military affairs

• *군관:

• 학생:

신윤복, 〈저잣길〉
Sin Yun-bok, *Jeojatgil*
(On the Way to Market)
ⓒ 국립중앙박물관

―――――
*함지박 wooden bowl
*이다 to load
*망태기 bag woven with grass

• 여인 1(머리에 생선 담긴 *함지박 *이고 있음):

• 여인 2(오른팔에 *망태기 들고 있음):

한국의 예술은 해학과 풍자를 표현한 작품이 많습니다. 해학과 풍자는 '웃음'을 자아낸다는 점에서는 비슷하지만, 해학이 대상에 대해 호감을 가지는 반면 풍자는 비판적으로 비틀며 웃음을 자아낸다는 점에서 다릅니다. 김홍도와 신윤복의 그림 또한 다른 화풍에도 불구하고 '해학과 풍자'라는 공통점을 보여 줍니다. 이들 그림에 대해 '해학과 풍자'라는 관점에서 다시 살피고, 이에 대한 감상을 기사문 형식으로 써 보세요.

Korean art includes many works that express humor and satire. Humor and satire are similar in that they both induce laughter but differ in that humor is sympathetic toward the target, while satire is critical. The paintings of Kim Hongdo and Sin Yun-bok also show the commonality of 'humor and satire' despite their different painting styles. Look at their paintings from the perspective of 'humor and satire,' and write an article about your impressions of them.

Activity **3-1**
활동

Think More!

일상에서 현대인으로서 삶의 특징이 드러난다고 생각하는 장면을 사진으로 찍고, 왜 그렇게 생각하는지를 함께 이야기해 봅시다. 특히 과거와 비교하여 달라진 점을 이야기해 보세요.

Take a photo of everyday scenes reflecting modern life's characteristics, and discuss why you think so. In particular, talk about what has changed compared to the past.

Activity 활동 3-2

Make a Presentation!

지역에서 열리는 전시회를 관람하고 오늘날 예술의 특징을 살펴봅시다. 이를 통해 알 수 있는 우리 사회의 모습을 발표해 보세요.

Visit a local exhibition and observe the characteristics of contemporary art. Then, make a presentation about how these characteristics reflect aspects of contemporary society.

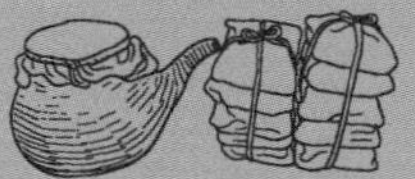

6장

Chapter 6

나혜석과 윤동주

Times and Art:
Na Hye-seok and Yun Dong-ju

학습 목표

① 시대에 타협하지 않았던 예술가들의 선구자적 삶을
   살피고, 그들의 예술을 이해할 수 있다.

② 역사를 거슬러 현재까지 사랑받는 예술 작품을 조사
   하고, 그에 대한 예술적 가치를 이야기할 수 있다.

Activity **1-1**
활동

Talk about It!

여러분 나라에서 현재에 이르러 재평가받으며 사랑받는 예술가가 있다면 그에 관해 이야기해 보세요.

Talk about the artists who are currently re-evaluated and loved in your country.

Activity 활동 1-2

Talk about It!

활동 1-1에서 조사한 예술가는 생전에 어떤 평가를 받았습니까? 평가의 근거와 함께 이야기해 보세요.

How were the artists you chose in Activity 1-1 evaluated during their lifetime? Talk about what criteria were applied to them.

1 개화기의 신여성 New Women of the Enlightenment Period

나혜석 동상
Statue of Na Hye-seok

나혜석의 고향인 한국 수원시에 조성된 '나혜석 거리'에는 그녀의 동상이 있다.
ⓒ 한국관광공사

19세기 후반 서양 문물이 들어오면서 조선은 근대적 사회로 변화되어 가는 개화기를 맞이하였다. 한국에서는 개화기부터 일제 강점기까지 서양식(근대) 교육을 받은 여성을 '신여성'이라고 불렀다. 이들은 이전 세대와 다른 가치관과 태도를 지닌 여성들이었다. 특히 1920년 언론인이자 작가인 김일엽(본명 김원주)이 창간하고 편집을 맡았던 한국 최초의 여성 잡지 《신여자》를 중심으로 신여성은 화제가 되었다. 신여성들은 남녀평등을 주장하고, 기존의 결혼 제도에 문제를 제기하면서 각자의 분야에서 경제적 독립을 추구하는 등 적극적으로 자기 의견을 표현했다. 당시 한국의 대표적인 신여성으로 서양화가 나혜석, 성악가 윤심덕, 작가 김명순 등을 꼽을 수 있다.

In the late 19th century, as Western influences were introduced, the Joseon Dynasty underwent a period of modernization known as the enlightenment period. In Korea, from the enlightenment period to the Japanese colonial period, women who received Western-style(modern) education were referred to as 'Sin-yeoseong,' meaning 'new women.' These women held values and attitudes quite different from previous generations. In particular, with the establishment of the first Korean women's magazine *Sin Yeoja*(New Women) founded and published by a journalist and writer, Kim Il-yeop(original name: Kim Won-ju), the concept of "Sin-yeoseong" became a topic of discussion. 'New women' expressed their opinions actively by advocating for gender equality, raising issues with the traditional marriage system, and actively pursuing economic independence in their respective fields. At that time, notable "new women" in Korea included a Western-style painter, Na Hye-seok, an opera singer, Yun Sim-deok, and a writer, Kim Myeong-sun.

1. '신여성'의 의미를 본문에서 찾아 써 보세요.
Find and write the meaning of 'new women' from the text.

2. 일제 강점기 때 한국의 신여성으로 꼽을 수 있는 인물을 아는 대로 써 보세요.
Write as many names of the women who could be considered 'new women' of Korea during the Japanese colonial period as possible.

1. 한국에서는 개화기부터 일제 강점기까지 서양식(근대) 교육을 받은 여성을 '신여성'이라고 불렀다.
2. 나혜석, 윤심덕, 김명순 등

2 〈이혼 고백서〉 *Ihon Gobaekseo*

〈이혼 고백서〉는 1934년 《삼천리》라는 잡지에 기고한 나혜석의 글로, 한국 최초의 여성 서양화가인 나혜석이 남성 중심의 사회를 비판하는 내용을 담고 있다. 이는 전 남편에게 보내는 편지 형식의 이혼 체험 글로서, 남편과의 만남, 결혼식, 결혼 후 생활, 이혼, 이혼의 이유가 된 불륜 관계였던 최린과의 만남, 그리고 '정조 유린죄(남편에게 지켜야 할 신의를 버리게 하여 이혼을 하게 하였으나, 이혼한 그 여자를 떠남)'로 최린을 고소한 내용까지 자세하게 기술했다. 〈이혼 고백서〉는 당시 보기 드물게 여성의 솔직한 내면을 잘 표현했을 뿐 아니라, 여성의 인권을 주장하면서 남녀평등, 부부 공동 재산을 언급하여 논란이 되었다.

Ihon Gobaekseo(A Confession on Divorce) is an essay written by Na Hye-seok, the first female Western-style painter, for the magazine *Samcheolli* in 1934, and it criticizes a male-dominated society. This is a letter form of writing about divorce that a woman sends to her ex-husband, detailing their meeting, wedding, married life, divorce, the reasons for divorce, the affair as the reason for divorce, and even the details of suing Choi Rin for 'the crime of violating purity(i.e., making a married woman neglect her fidelity to her husband, which led to the divorce but abandoning the divorced woman).' *Ihon Gobaekseo* stirred controversy not only by exceptionally portraying a woman's frank inner thoughts for the time but also by asserting women's human rights and mentioning gender equality and marital property.

1. 〈이혼 고백서〉는 누가 쓴 글인가요?
   Who wrote *Ihon Gobaekseo*?

2. 〈이혼 고백서〉는 남성 중심의 한국 사회에 논란이 되었습니다. 그 이유를 써 보세요.
   Ihon Gobaekseo became controversial in male-dominated Korean society. Write down the reason why.

1. 나혜석 2. 여성의 인권을 주장하면서 남녀평등, 부부 공동 재산을 언급했기 때문이다.

3 민족 말살 정책 The Policy to Obliterating Korean Culture

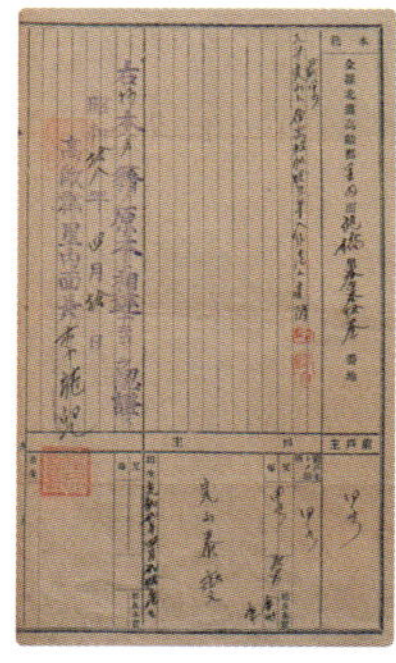

일제 강점기 호적
Domicile registration during the Japanese colonial period

조선인들은 성명과 생년월일 등 신분에 관한 사항을 기록하는 호적에 일본식 성명으로 바꾸어 신고해야만 했다.
ⓒ 국립한글박물관

민족 말살 정책은 일제 강점기인 1930년대에 일본이 한국에서의 식민 통치를 정당화하고 더 강화하기 위해 한국 민족과 문화를 사실과 다르게 해석하거나 없애 버리려고 시도하였던 일련의 정책을 말한다. 이를 위하여 일제가 내세운 구호는 황국 신민화(皇國臣民化)였다. 이는 조선 백성들을 일본 왕의 충실한 신하로 만들겠다는 의미라고 선전했지만, 실제로는 조선인을 일본인과 차별화하면서 어리석게 만들려는 우민화 정책에 다름 아니었다. 왜냐하면 조선어 교육 금지, 조선 역사 왜곡, 한글 신문 폐지, 종교인 탄압 및 신사 참배(일본의 신을 모신 신사에 절하며 예를 갖추게 함.) 강요 등이 포함된 정책이었기 때문이다. 이름과 성을 강제로 바꾸게 함으로써 조선인의 뿌리를 없애려던 1939년의 일본식 성명 강요(창씨개명) 정책과 제2차 세계 대전 당시 일본이 전쟁에 필요한 인력을 확보하기 위해 조선인 상당수를 강제로 동원한 강제 징용 정책이 대표적이다.

The policy to obliterating Korean culture refers to a series of policies undertaken by Japan in the 1930s during the Japanese colonial period in Korea. These policies aimed at justifying and strengthening colonial governance by distorting or eradicating Korean ethnicity and culture. The slogan published by Japan for this purpose was "Imperial Subjectification." It was promoted as a way to turn the people of Joseon into loyal subjects of the Japanese emperor, but in reality, it was nothing more than a policy of making Koreans ignorant of their identity by differentiating them from the Japanese. That was because prohibiting Korean language education, distorting Korean history, abolishing Korean newspapers, suppressing religious people, and forcing worship at Shinto shrines(to make Koreans bow and pay respect to Japanese deities) were included. Representative examples were the policy of Japanese name adoption(Changssigae-myeong) in 1939, which aimed to eradicate the roots of Koreans by compelling them to change their names and surnames, and the policy of forced conscription, which mobilized a significant number of Koreans during World War II to secure the workforce needed for the war.

1. 민족 말살 정책에는 어떤 것들이 있었는지 구체적으로 써 보세요.
Write down the specific policies included in the policy to obliterating Korean culture.

↑ 조선어 교육 금지, 조선 역사 왜곡, 한글 신문 폐지, 종교인 탄압, 신사 참배 강요, 일본식 성명 강요, 강제 징용 등이 있었다.

4 저항 문학 Resistance Literature

민족 말살 정책이 실시된 1930년대에는 시와 소설 등 문학 작품을 발표하는 작가들의 활동도 크게 제한받았다. 이에 일부 작가들은 특정 사상에 치우치지 않는, 한국적 정서를 담은 서정시들을 발표했다. 일본의 식민주의 정책에 협조하며 전쟁을 찬양하는 성향의 작품들을 쓴 작가들도 있었다. 이와는 반대로 일본의 식민 통치에 저항하며 '저항 문학' 작품들을 쓴 작가들도 있었는데, 이육사와 윤동주가 대표적이다. 이육사는 〈광야〉, 〈절정〉 등의 시 작품에서 조국이 다시 자유를 찾기를 바라는 마음을 담았다. 독립운동가이기도 한 그는 적극적으로 투쟁하면서 강경한 태도를 보이던 의열단 소속으로 활동하다가 1944년 중국 베이징에 있는 일본 총영사관 교도소에서 사망했다. 윤동주 역시 일본 유학 중에 독립운동을 했다는 혐의로 검거되어 1945년 일본 후쿠오카 교도소에서 사망했다. 두 사람의 시집인 이육사의 《육사 시집》과 윤동주의 《하늘과 바람과 별과 시》는 해방 이후 세상에 나왔다.

While the policy to obliterating Korean culture was coming into force in the 1930s, the activities of writers who published literary works such as poetry and novels were greatly restricted. In response, some writers published lyrical poems encapsulating Korean sentiment without leaning toward any particular ideology. Some writers cooperated with Japan's colonial policies and wrote works praising war. On the other hand, some writers resisted Japan's colonial rule and wrote "resistance literature." Representative figures include Yi Yuk-sa and Yun Dong-ju. Yi Yuk-sa expressed his hope for his homeland to regain its freedom in his poetic works such as *Gwangya*(Wilderness) and *Jeoljeong*(Zenith). As an independence activist, he participated in Uiyeoldan, which struggled actively with an uncompromising attitude against Japan, and he died in prison of the Consulate General of Japan in Beijing in 1944. Yun Dong-ju, likewise, was arrested on suspicion of engaging in independence activities while studying in Japan and died in the prison of Fukuoka in Japan in 1945. Their poetry collections, Yi Yuk-sa's *Yuksa Sijip*, and Yun Dong-ju's *Haneulgwa Baramgwa Byeolgwa Si*, were published after their deaths.

1. 일제 강점기에 저항 문학을 이끈 대표적인 시인들의 이름을 써 보고, 그들의 작품을 찾아 읽어 보세요.
Write down the names of the representative poets who led the resistance literature during the Japanese colonial period. Find and read their poems.

1. 이육사, 윤동주 등

5 《하늘과 바람과 별과 시》 *Haneulgwa Baramgwa Byeolgwa Si*

《하늘과 바람과 별과 시》
Haneulgwa Baramgwa Byeolgwa Si
ⓒ 국립한글박물관

《하늘과 바람과 별과 시》는 시인 윤동주가 죽은 후 31편의 시를 모아 1948년에 출판된 시집이다. 1945년 광복 후 이 시집 출판에 결정적인 기여를 한 사람은 윤동주의 연희 전문학교(현재 연세 대학교) 후배이자 국문학자인 정병욱이다.

윤동주는 연희 전문학교를 졸업하던 해인 1941년에 이 책을 출판하려고 하였으나, 한글 사용을 금지하고 책의 내용을 사전에 검열하는 등 일본의 감시가 강화되어 출판하지 못했다. 그는 19편의 시를 담은 이 책을 직접 손으로 써서 3부를 만든 뒤, 스승 이양하 교수와 후배 정병욱에게 각 1부씩을 주고 나머지 1부를 1942년 일본 유학 때 가지고 갔다. 1945년 광복을 앞두고 윤동주가 죽자, 정병욱은 고향집에 보관하고 있던 19편의 시에 윤동주의 전문학교 시절 친구가 가지고 있던 12편의 시를 더하여 《하늘과 바람과 별과 시》를 출간했다.

Haneulgwa Baramgwa Byeolgwa Si(Sky, Wind, Stars, and Poetry) is a collection of 31 poems by Yun Dong-ju, published in 1948 after his death. After the independence in 1945, the person who made a crucial contribution to the publication of this poetry collection was Jeong Byeong-uk, a scholar of Korean literature who was Yun Dong-ju's junior at Yonhi College(present Yonsei University).

Yun Dong-ju attempted to publish this book in 1941 when he graduated from Yonhi College, but he could not publish it due to intensified Japanese surveillance, which included the prohibition of Hangeul and pre-censorship of the contents of books. He handwrote three copies of this book, which contained 19 poems, and gave one to his mentor, Professor Yi Yang-ha, and another to his junior, Jeong Byeong-uk. He took the remaining copy with him when he studied in Japan in 1942. When Yun Dong-ju died in 1945, just before independence, Jeong Byeong-uk published *Haneulgwa Baramgwa Byeolgwa Si* by adding 12 poems, which Yun Dong-ju's friend of Yonhi College had, to the 19 poems he had been keeping.

1. 생전에 윤동주 시인이 자신의 시집을 출판할 수 <u>없었던</u> 원인을 본문에서 찾아 써 보세요.
Find and write why Yun Dong-ju could not publish his poetry collection during his lifetime from the text.

1. 한글 사용을 금지하고 책의 내용을 사전에 검열하는 등 일본의 감시가 강화되었기 때문이다.

6 윤동주의 대표 작품 〈서시〉 Yun Dong-ju's Masterpiece, *Seosi*

《하늘과 바람과 별과 시》의 제일 처음에 실려 있는 〈서시〉는 시인의 마음이 가장 잘 담겨 있다고 평가받는 작품이다. 윤동주는 1941년에 쓴 〈서시〉에서 하늘·바람·별과 같은 자연물을 이용해 자신의 고뇌하는 마음을 잘 표현했다. 이 시를 통해 식민지 상황에 처해 있으면서도, 어두운 밤에도 바람에 흔들리지 않는 별과 같은 삶, 부끄러움 없는 삶을 살고자 했던 시인의 결심과 삶을 대하는 자세를 살필 수 있다.

서시

죽는 날까지 하늘을 우러러

한 점 부끄럼이 없기를,

잎새에 이는 바람에도

나는 괴로워했다.

별을 노래하는 마음으로

모든 죽어 가는 것을 사랑해야지

그리고 나한테 주어진 길을

걸어가야겠다.

오늘 밤에도 별이 바람에 스치운다.

Seosi(Prelude), the first poem in *Haneulgwa Baramgwa Byeolgwa Si*, is considered to encapsulate the poet's heart well. In *Seosi* written by Yun Dong-ju in 1941, he effectively expresses his agonized heart using elements of nature such as the sky, wind, and stars. Through this poem, people can recognize the poet's determination to live a life like the unwavering stars in the dark night and a life without shame despite the colonial situation.

1. 〈서시〉에서 시인이 말하고 싶은 내용이 무엇인지 이야기해 보세요.
   Talk about what the poet wants to convey in his poem *Seosi*.

1. 식민지 상황 속에서도 흔들리지 않고 부끄러움 없이 살고자 했던 결심과 삶을 대하는 자세를 보여 주고자 하였다.

시대와 예술:
나혜석과 윤동주

1

1   일제 강점기 한국 사회는 나라를 빼앗긴 민족 대부분이 그러하듯 혼란에 가득했고, 각계각층의 사람들이 다양한 양상으로 고통을 겪었다. 이러한 면에서 예술가들도 예외는 아니었는데, 이들은 작품을 통해 식민지 시대를 살아가는 한국인들의 고뇌를 드러냈다. 이때 일제 강점기 고뇌하는 예술가로 회화 분야에서는 나혜석을,

5   문학 분야에서는 윤동주를 살펴볼 만하다.

나혜석(1896~1948)은 경기도 수원의 부유한 집안에서 태어나 서양식(근대) 교육을 받은 신여성이었다. 서울의 진명 여자 고등 보통학교를 졸업하고 일본 도쿄의 여자 미술 학교에서 서양화를 공부했던 그녀는 일본 유학 당시 한인 유학생들이 만든 잡지인 《학지광》에 〈이상적 부인〉이라는 글을 기고하기도 하였다. 이 글에서

10 나혜석은 한국 사회가 기대하는 현모양처라는 여성관에 대해 비판적인 입장을 밝

했다. 그리고 남녀평등, 자유연애, 연애결혼을 중시하는 여성 운동가로서 여성 계몽에 큰 관심을 드러냈다.

1918년 일본 유학을 마치고 귀국하여 미술 교사로 일하며 서양화가와 목판 화가로 작품 활동에 전념하던 나혜석은 1921년에 한국 여성 최초로 유화 개인 전시회를 열었다. 이후 1931년 일본의 전람회에서 입상하는 등 서양화가로서 실력을 인정받았던 나혜석은 문인으로서 시와 소설을 발표하기도 하였다. 그녀는 1918년에 내놓은 단편 소설 〈경희〉에서 신여성 '경희'라는 주인공을 통해 전통적 가부장 사회의 고정 관념에 반하는 여성 해방론적 신념을 표현했다. 나혜석은 노동자의 입장을 옹호하는 사회 참여 운동에도 관심이 있었다.(나혜석은 여성 독립운동가인 김마리아 등과 함께 1919년 3.1 운동에 가담한 혐의로 일본 경찰에게 체포되어 5개월 동안 교도소에 수감되기도 하였다.)

나혜석은 1920년 변호사였던 김우영과 결혼한 후 3남 1녀의 자녀를 얻었고, 일본 외교관이 된 남편과 함께 1927년부터 약 1년 9개월 동안 세계 여러 나라를 여행했다. 당시 그녀는 프랑스의 인상주의 회화 기법에 크게 매료되었고, 파리에서의 다양한 예술적 경험은 그녀의 이후 삶에 많은 영향을 끼쳤다. 특히 나혜석은

• 남녀평등 gender equality	• 자유연애 free love	• 연애결혼 love marriage
• 중시하다 to put empasis on	• 여성 운동가 feminist activist	• 계몽 enlightment
• 귀국하다 to return to one's home country	• 서양화가 Western-style painter	• 목판 화가 woodcut artist
• 전념하다 to concentrate on	• 최초로 for the first time	• 유화 oil painting
• 전람회 exhibition	• 입상하다 to win a prize	• 문인 literary person; writer
• 단편 short (story)	• 가부장 patriarch; head of a family	• 고정 관념 stereotype
• 반하다 to be against; in contrast to	• 해방론적 being liberal	• 옹호하다 to protect; to defend
• 독립운동가 independence activist	• 가담하다 to participate	• 혐의 charge; accusation
• 체포되다 to be arrested	• 교도소 prison	• 수감되다 to be put in jail
• 인상주의 impressionism	• 기법 technique	• 매료되다 to be charmed

이 시기 파리에 있었던 남편 친구 최린과의 염문설 때문에 1929년에 귀국 후 1930년 이혼을 하게 된다. 나혜석은 이혼 과정에 대한 상세한 내용을 1934년 〈이혼 고백서〉라는 편지 형식의 글로 써서 잡지 《삼천리》에 기고했다. 이 글에서 나혜석은 여성에게만 정조를 강요하는 가부장적 한국 사회를 공개적으로 비판하고 최

30 린을 고소하는 내용을 자세하게 서술했다. 이는 당시 보기 드물게 여성의 솔직한 내면을 잘 표현한 글이었지만, 불륜을 저지른 신여성이 여성의 인권을 주장하면서 남녀평등, 부부 공동 재산을 언급한다 하여 논란이 되었다. 이혼 이후 나혜석은 화가로서 작품 활동을 계속했지만 경제적인 어려움을 피할 수 없었다. 게다가 이혼 후 전남편의 반대로 자녀들을 만나지 못하면서 마음고생이 더해진 그녀는 1948년

35 에 병든 몸으로 떠돌이 생활을 하다가 생을 마감했다.

동시대 사람들에게 숱한 비난을 받았던 나혜석은 70여 년이 훨씬 지난 오늘날 재평가되고 있다. 친일했던 남편과 함께 식민지 서민들과 달리 유복하게 생활했던 점이나 유부녀로서의 도덕성 등에 대한 비판적 시각이 남아 있기는 하지만, 그녀가 남긴 많은 작품은 여성 계몽의 선구자이자 늘 새로운 길을 좇으며 고뇌하는 예술

40 가로서의 삶을 증명하기에 충분하기 때문이다.

Vocabulary

- 염문설 scandalous (fidelity) rumor
- 형식 form
- 공개적으로 in public
- 드물게 rarely; uncommonly
- 인권 human right
- 전남편 ex-husband
- 생 life
- 숱한 many; plentiful
- 서민 ordinary person; commoner
- 도덕성 morality
- 이혼 divorce
- 정조 purity; fidelity
- 고소하다 to file a lawsuit; to sue
- 내면 inner side
- 언급하다 to mention; to refer
- 마음고생 inner struggle
- 마감하다 to finish; to close
- 재평가되다 to be re-evaluated
- 유복하게 richly; affluently
- 시각 view; perspective
- 고백서 written confession
- 강요하다 to force; to impose
- 서술하다 to narrate
- 불륜 affair; infidelity
- 논란 controversy
- 떠돌이 wanderer
- 동시대 same age; contemporary
- 친일하다 to be pro-Japanese
- 유부녀 married woman
- 선구자 pioneer

2

1　나혜석과 일제 강점기라는 동시대를 살았던 시인 윤동주(1917~1945)는 만주의 북간도에 있는 명동촌에서 태어났다. 그는 사촌 송몽규와 함께 1938년 서울 연희 전문학교 문과에 입학해서 본격적으로 시를 썼고, 학교를 졸업하던 해인 1941년에 시집의 출판을 계획했다. 그러나 한글 사용 금지와 같은 일제의 민족 말살 정책 때문

5　에 출판을 미룰 수밖에 없어서 스승 이양하 교수와 후배 정병욱에게 직접 손으로 쓴 시집을 주는 데에 그쳤다. 윤동주는 문학 공부를 더 하기 위해 1942년 일본 유학을 결심했고, 불가피하게 일본식 성과 이름으로 바꾸어야 했다.

　그는 일본 도쿄의 릿쿄 대학 문학부 영문과에 입학했다가 사촌 송몽규가 유학 중이던 지역인 교토의 도시샤 대학교 영문과로 편입했다. 그러던 중 1943년 송몽

10　규와 함께 독립운동을 했다는 혐의로 일본 경찰에게 체포되어 1년 7개월 동안 수 감 생활을 했으며, 결국 조국의 광복을 보지 못한 채 1945년 2월 16일에 죽음을 맞 았다(송몽규 또한 그의 뒤를 따라 3월 7일에 사망했다). 윤동주가 죽은 후인 1948년 에 후배 정병욱은 그의 시를 모아 《하늘과 바람과 별과 시》를 출간하였다.

　이후 그의 시가 새겨진 비석인 시비를 세우거나 그의 이름을 내건 기념관과 문

• 좇다 to follow; to pursue	• 증명하다 to verify; to prove	• 시인 poet
• 사촌 cousin	• 문과 liberal Arts	• 본격적으로 with full-scale
• 시집 poetry collection	• 출판 publication	• 일제 Japanese empire
• 민족 말살 정책 policy to obliterating Korean culture	• 미루다 to postpone; to delay	• 스승 (esteemed) teacher
• 문학부 College of Literature	• 영문과 English Department	• 지역 region
• 편입하다 to transfer	• 독립운동 independence movement	• 결국 finally; after all
• 조국 one's homeland	• 광복 national liberation; independence	• 죽음 death
• 맞다 to face; to encounter	• 따르다 to obey; to comply	• 사망하다 to die
• 출간하다 to publish	• 새기다 to be engraved	• 비석 memorial stone
• 시비 monument inscribed with poems	• 내걸다 to present	• 기념관 memorial hall

15 학상을 만드는 등 많은 사람들이 다양한 방법으로 그를 기억하고자 한다. 이처럼 윤동주가 한국인들에게 많은 사랑을 받는 이유는 무엇보다도, 그의 시가 평범한 사람들도 이해하기 쉽고 간결한 언어로 쓰여져 시인의 정서에 깊게 공감할 수 있기 때문이다. 특히 시인은 식민지 지식인으로서의 자기 성찰을 종종 시로 표현했다. 1942년 일본식 성명으로 바꾸기 며칠 전에 쓴 〈참회록〉은 일본식 성명 강요에 굴

20 복한 자기반성을 담아낸 대표작으로 꼽히는데, 거대 시스템에 굴복하는 현대인의 고뇌와 맞닿아 있다. 나아가 그의 작품은 회화적·철학적·감성적 아름다움을 표현하는 데에도 탁월하다.

한편, 일본에서는 1980년대부터 윤동주의 시를 번역하여 읽고 있고, 최근에는 매년 윤동주 기일인 2월 16일을 전후하여 그가 유학 당시 머물렀던 후쿠오카와 교

25 토·도쿄 등지를 중심으로 추모 행사를 열고 있다. 이들은 식민지 청년의 고뇌와 자기 성찰 등 맑은 영혼이 고스란히 묻어나는 울림 있는 시에 감동하며 전쟁 없는 세상을 염원하기도 하였다. 기타 중국과 미국 등 세계에서 그의 작품이 번역·소개되며 많은 사람들에게 사랑받고 있다.

Vocabulary

- 평범한 ordinary; common
- 공감하다 to empathize with
- 참회록 confessions
- 담아내다 to include; to express
- 맞닿다 to come in touch
- 감성적 being sensitive
- 전후하다 before and after
- 추모 remembrance
- 꺼지다 to die out; to vanish
- 창작 creation

- 간결한 concise; simple
- 자기 성찰 self introspection
- 굴복하다 to yield; to give in
- 거대 being enormous
- 회화적 pictorial
- 탁월하다 to be excellent
- 머무르다 to stay (temporarily)
- 울림 echo
- 예술혼 artistic soul
- 수많은 many; a lot of

- 정서 sentiment; emotion
- 종종 often; now and then
- 자기반성 self reflection
- 현대인 modern people
- 철학적 philosophical
- 기일 anniversary of one's death
- 등지 and the like; and so on
- 염원하다 to long for
- 문학인 literary person
- 보물 treasure

3

1 　나혜석과 윤동주는 다른 삶을 살았지만, 일제 강점기 고뇌하는 예술가로서 현재까지 꺼지지 않는 예술혼을 전한다는 공통점을 가지고 있다. 나혜석은 사회적 통념상 곱지 않은 시선을 받으면서도 자신의 예술 세계를 펼쳐 나갔고, 윤동주는 식민지 국가의 문학인으로서 생각을 자유롭게 글로 표현할 수 없었음에도 불구

5 하고 세계인을 울릴 만한 작품 활동을 멈추지 않았다. 창작 활동을 해 나간 이들을 통해 굴복하지 않고 자신의 삶을 이어 갔던 수많은 예술가를 함께 떠올려 보자. 그리고 지금까지 사랑받는 이들의 수많은 그림과 글들을 포함한 많은 예술 작품이 현재를 살아가는 우리에게 던지는 숱한 느낌표와 물음표에 각자 고뇌하며 답하는 것, 이로써 진정한 자신의 삶을 살아가는 것, 그것이 이들 예술가들이 우

10 리에게 남긴 진정한 보물이 아닐까.

고통 속에서도 아름다운 작품을 남긴 예술가들

　나혜석은 남성 중심의 가부장적 사회 분위기에 굴하지 않고 예술가의 길을 걸었다. 이로써 그녀는 새로운 화법을 개척하고 〈화령전 작약〉과 〈자화상〉 등의 작품들을 발표한 한국 최초의 여성 서양화가로 오늘날 새롭게 조명받고 있다. 한편 윤동주는 한국 문화를 탄압하며 한글 사용마저 금지시켰던 일제 강점기에 한글로 쓴 저항 문학을 남김으로써, 현대를 살아가는 사람들에게 억압 속에서 고뇌하면서도 아름다운 작품을 남긴 예술가로 기억되고 있다. 특히 윤동주의 작품은 2023년 영국에서 열린 국빈 만찬에서 영국의 국왕 찰스 3세가 영어로 낭독하여 화제가 되었을 정도로, 현대 세계인들에게까지 큰 울림을 주고 있다.

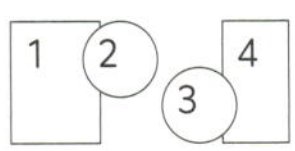

1 나혜석, 〈화령전 작약〉 Na Hye-seok,
 　Hwaryeongjeon Jakyak (Peonies of Hawryeongjeon Palace)
2 나혜석, 〈자화상〉 Na Hye-seok, *Jahwasang* (Self-portrait)
3 윤동주 졸업 사진 Yun Dong-ju, Graduation photo
4 윤동주 자필 원고 〈하늘과 바람과 별과 시〉 일부분
 　Yun Dong-ju, A Part of the handwritten manuscript
 　Haneulgwa Baramgwa Byeolgwa Si

ⓒ 나혜석(1, 2), ⓒ 연세대학교 윤동주기념관(3, 4)

❶ V+(으)ㄹ 만하다 (to be worth)

- 일제 강점기 고뇌하는 예술가로 회화 분야에서는 나혜석을, 문학 분야에서는 윤동주를 살펴볼 만하다.
  As artists suffering from the Japanese colonial period, it is worth looking at Na Hye-seok in the field of painting and Yun Dong-ju in the field of literature.

- 그가 추천한 식당의 음식이 먹을 만하다.
  The food of the restaurant he recommended is worth eating.

- 놀이동산에 방문해 볼 만하다.
  The amusement park is worth visiting.

❷ N+이/가 기대하다 (to expect; to anticipate)

- 이 글에서 나혜석은 한국 사회가 기대하는 현모양처라는 여성관에 대해 비판적인 입장을 밝혔다.
  In this article, Na Hye-seok expressed her critical position on the view towards women that Korean society expects a wise mother and good wife.

- 아이가 크리스마스에 받을 선물을 기대하고 있다.
  The child anticipates receiving a gift for Christmas.

- 시험에 합격하기를 나보다 부모님이 더 기대하셨다.
  My parents expected me to pass the exam more than I did.

❸ 입장을 밝히다 (to express one's position on)

- 이 글에서 나혜석은 한국 사회가 기대하는 현모양처라는 여성관에 대해 비판적인 입장을 밝혔다.
  In this article, Na Hye-seok expressed her critical position on the view towards women that Korean society expects a wise mother and good wife.

- 그 여배우는 소송 결과에 대한 입장을 밝혔다.
  The actress expressed her position on the outcome of the lawsuit.

- 그는 조만간 인권 문제에 대한 입장을 밝히겠다고 말했다.
  He said he would soon express his position on human rights issues.

❹ N+을/를 중시하다 (to value; to place emphasis on)

- 나혜석은 남녀평등, 자유연애, 연애결혼을 중시하는 여성 운동가로서 여성 계몽에 큰 관심을 드러냈다.
  Na Hye-seok, as a female activist who values gender equality, free love, and love marriage, has shown great interest in women's enlightenment.

- 현대 사회는 과거보다 각자의 개성을 중시한다.
  Modern society values individuality more than before.

- 그 학교는 창의력 기르기를 중시한다고 발표했다.
  The school announced that it places emphasis on nurturing creativity.

---

❺ N+에 반하다 (contrary to; against) ▶ 4장 138쪽 '⓮ 반대에 부딪히다' 참고

- 전통적 가부장 사회의 고정 관념에 반하는 여성 해방론적 신념을 표현했다.
  It also expressed the beliefs of women's liberation contrary to the stereotypes of traditional patriarchal society.

- 그는 규정에 반한 행동을 하여 처벌을 받았다.
  He was disciplined for acting against the rules.

- 한 회원이 회의 결과에 반하는 의견을 내놓았다.
  One member expressed an opinion contrary to the outcomes of the meeting.

---

❻ N+의 입장을 옹호하다 (to defend one's position)

- 나혜석은 노동자의 입장을 옹호하는 사회 참여 운동에도 관심이 있었다.
  Na Hye-seok was also interested in social participation movements that defended workers' positions.

- 내가 실수한 동료의 입장을 옹호했다.
  I defended the position of the colleague who made a mistake.

- 어느 한쪽의 입장을 옹호하기에는 난감했다.
  It was challenging to defend either side's position.

❼ 혐의로 체포되다 (to be arrested on a charge of)

- 나혜석은 1919년 3.1 운동에 가담한 혐의로 일본 경찰에게 체포되어 5개월 동안 교도소에 수감되기도 하였다.
  Na Hye-seok was arrested by Japanese police on a charge of participating in the March 1st Movement in 1919 and imprisoned for five months.

- 그는 범죄 혐의로 체포되어 수사를 받았다.
  He was investigated after he was arrested on a charge of the crime.

- 한 기업인이 산업 스파이 혐의로 체포되었다.
  A businessman was arrested on a charge of industrial espionage.

---

❽ N+에 기고하다 (to contribute~ to; to write for)

- 〈이혼 고백서〉라는 편지 형식의 글로 써서 잡지 《삼천리》에 기고했다.
  She wrote an article called *Ihon Gobaekseo* in the form of a letter and contributed it to the magazine *Samcheolli*.

- 그녀는 신문과 잡지에 기사를 꾸준히 기고했다.
  She continued to write articles for newspapers and magazines.

- 신문사에 여행기를 기고하기 전에 원고를 다시 읽어 보았다.
  I read the manuscript again before contributing my travelogue to a newspaper.

---

❾ 생을 마감하다 (to die; to pass away) ▶ 2장 66쪽 '❸ 세상을 떠나다' 참고

- 그녀는 1948년에 병든 몸으로 떠돌이 생활을 하다가 생을 마감했다.
  She died in 1948, sick and living a wandering life.

- 뜻밖의 사고를 당해 생을 마감한 친구가 생각난다.
  It reminds me of a friend who died in an unexpected accident.

- 병원에 계시던 할아버지께서는 고통 없이 생을 마감하셨다.
  My grandfather, who was hospitalized, passed away painlessly.

⑩ 비판적 시각 (critical views)

- 유부녀로서의 도덕성 등에 대한 비판적 시각이 남아 있기는 하다.
  There is still a critical view of morality as a married woman.

- 지금이 바로 비판적 시각이 필요한 시점이다.
  Now is the time for a critical view.

- 그 책의 저자는 비판적 시각으로 고전 문학을 분석했다.
  The author of the book analyzed classical literature with a critical view.

---

⑪ 길을 좇다 (to follow the path)

- 그녀가 남긴 많은 작품은 늘 새로운 길을 좇으며 고뇌하는 예술가로서의 삶을 증명하기에 충분하다.
  The many works she left behind are enough to illustrate her life as an artist struggling to follow new paths.

- 그 청년은 성공한 사업가의 길을 좇았다.
  The young man followed the path of a successful businessman.

- 그녀는 정직하고 참된 길을 좇는 사람이다.
  She is a person of honesty who follows the righteous path.

---

⑫ 삶을 증명하다 (to prove one's life)

- 그녀가 남긴 많은 작품은 늘 새로운 길을 좇으며 고뇌하는 예술가로서의 삶을 증명하기에 충분하다.
  The many works she left behind are enough to prove her life as an artist struggling to pursue new paths.

- 말보다 행동으로 나의 삶을 증명할 것이다.
  I will prove my life through actions rather than words.

- 바른길을 걸어왔다는 그의 삶을 증명하기에는 의심스러운 부분이 많다.
  There are many questionable aspects to prove that his life has been on the righteous path.

⑬ N+에/(으)로 그치다 (to end up)

- 스승 이양하 교수와 후배 정병욱에게 직접 손으로 쓴 시집을 주는 데에 그쳤다.
  He had no choice but to end up giving his handwritten poetry collections to his mentor, Professor Yi Yang-ha and his junior, Jeong Byeong-wuk.

- 그의 준비되지 않은 계획은 시도로 그쳤다.
  His unprepared plan ended up being an attempt.

- 수익을 높이려던 회사의 바람이 희망에 그쳤다.
  The company's aspiration to boost profits ended up being just hope.

⑭ 불가피하다 (to be inevitable)

- 불가피하게 일본식 성과 이름으로 바꾸었다.
  Inevitably, he switched to a Japanese-style surname and given name.

- 불가피한 사정으로 동창회에 참석하지 못했다.
  It was inevitable that I would not be able to attend the reunion.

- 재료비가 올라서 음식 가격 인상이 불가피했다.
  With the rise in ingredient costs, an increase in food prices became inevitable.

⑮ 수감 생활을 하다 (to be in prison; to serve in prison)

- 일본 경찰에게 체포되어 1년 7개월 동안 수감 생활을 했다.
  He was arrested by Japanese police and was in prison for a year and seven months.

- 오랫동안 수감 생활을 하다가 교도소에서 나왔다.
  After serving in prison for a long time, he was released.

- 그 작가는 수감 생활을 하면서도 소설 작품을 썼다.
  The author wrote a work of fiction while serving in prison.

⑯ 강요에 굴복하다 (to yield to coercion)

- 〈참회록〉은 일본식 성명 강요에 굴복한 자기반성을 담아낸 대표작으로 꼽힌다.
  The poem *Chamhoerok*(Confessions) is considered a representative work that contains self-reflection on yielding to the coercion of the Japanese style name change policy.

- 그는 협박과 강요에 굴복하고 말았다.
  He yielded to threats and coercion.

- 우리는 항복하라는 적의 강요에 굴복하지 않았다.
  We did not yield to the enemy's coercion to surrender.

---

⑰ 대표작으로 꼽히다 (to be considered a representative work or masterpiece)

- 〈참회록〉은 일본식 성명 강요에 굴복한 자기반성을 담아낸 대표작으로 꼽힌다.
  The poem *Chamhoerok*(Confessions) is considered a representative work that contains self-reflection on yielding to the coercion of the Japanese style name change policy.

- 〈게르니카〉는 피카소의 대표작으로 꼽히는 작품이다.
  Guernica is considered Picasso's masterpiece.

- 추리물의 대표작으로 꼽히는 소설이 10년 만에 다시 출간되었다.
  A novel, considered a representative work of mystery, has been republished after 10 years.

---

⑱ V+는 데에도 탁월하다 (to be also excellent at; to be also effective for)

- 그의 작품은 회화적·철학적·감성적 아름다움을 표현하는 데에도 탁월하다.
  His work is also excellent at expressing pictorial, philosophical, and emotional beauty.

- 양파는 피로 회복은 물론이고 노폐물을 제거하는 데에도 효과가 탁월하다.
  Onions are effective not only for recovering from fatigue but also for removing waste.

- 그 강연가는 막힘이 없으면서도 재미있게 말하는 데에도 탁월한 능력을 가졌다.
  The speaker was also excellent at speaking freely and interestingly.

 **확인 문제** Reading Comprehension

※ 본문을 읽고 다음 질문에 답해 보세요.
Read the text and answer the following questions.

1. 다음 글을 읽고, 빈칸에 공통으로 들어갈 알맞은 말을 써 보세요.
Read the following passage and fill in the blanks with the same word.

> 한국에서는 개화기부터 일제 강점기까지 근대 교육을 받은 여성을 '(　　　　　　)'(이)라고 불렀다. (　　　　　　)은/는 기존 결혼 제도를 비판하고 경제적 자유를 추구하는 등 자기 의견을 적극적으로 표현하였다. 당시 한국의 대표적 (　　　　　　)(으)로 뽑을 수 있는 인물로는 서양화가 나혜석 외에도, 오페라 가수를 꿈꾸던 성악가로 〈사의 찬미〉라는 대중가요를 불러 오늘날까지 기억되고 있는 윤심덕, 여성 해방에 앞장서면서 여자 주인공의 심리를 자세하게 묘사한 소설을 많이 남긴 작가 김명순 등이 있다.

2. 다음 그림에 대한 감상문입니다. 빈칸에 알맞은 말을 써 보세요.
Read the review of the painting and fill in the blank with the appropriate word.

나혜석, 〈무희〉
Na Hye-seok, *Muhui*(Dancers)
ⓒ 나혜석

　이 그림은 나혜석의 〈무희〉로, 화려하고 풍성한 모피 코트와 짧은 스커트를 입은 여성들을 그렸다.
　나혜석은 그 당시 여성들은 상상조차 할 수 없었던 과감한 옷차림의 여성을 표현하고 새로운 문화를 받아들이는 모습을 그림으로써 시대가 요구했던 현모양처라는 전통적인 여성상에서 벗어나고자 하였다.
　이와 같이 나혜석은 (　　　　　　)(으)로서 여성 계몽에도 관심을 표했다.

3. 다음 글을 읽고 <u>틀린</u> 것을 골라 보세요.
Read the following passage and choose the incorrect one.

> 1930년대부터 일본은 전쟁이 길어지면서 부족해진 ① <u>인적·물적 자원을 한국에서 *조달하기 위해 민족 말살 정책을 세웠다.</u> 그 방법으로써, ② <u>조선어 교육 금지 및 한글 신문을 폐지했고,</u> ③ <u>조선인의 이름을 지우고 일본식으로 바꾸도록 강요하거나</u> 곳곳에 세워진 일본 신사에 절을 하라고 시켰다. 이러한 일본인화를 통해 ④ <u>일본은 조선인에게 일본인과 동일한 권리와 *복지를 주었다.</u>
>
> ─────────
> *조달하다 to get; to procure
> *복지 welfare; benefit

4. 다음을 읽고 짐작되는 작품명을 써 보세요.
Read the following clues and write the title of the author's work.

> 오늘 주목할 만한 여성 문학: 나혜석의 〈☐☐☐☐☐〉
>
> • 1934년 《삼천리》라는 잡지에 기고했다.
> • 나혜석이 남편 김우영과 이혼 후 쓴 편지 형식의 글이다.
> • 여성의 솔직한 내면을 표현하고, 여성의 인권을 주장하며 남녀평등, 부부 공동 재산을 언급하였다.

☐ ☐ ☐ ☐ ☐

5. 다음 문장을 읽고 옳은 것은 ○, 틀린 것은 ✕표를 해 보세요.
Read each sentence and write ○ if correct and ✕ if incorrect.

(1) 윤동주의 사촌인 송몽규는 독립운동 혐의로 체포되어 윤동주보다 먼저 사망하였다.

(　　)

(2) 윤동주는 〈서시〉에서 식민지 상황 속에서 부끄럽지 않은 삶을 살고자 하는 마음을 드러냈다.

(　　)

(3) 매년 윤동주 기일에 윤동주를 기리는 일본인들이 추모 행사를 열고 있다.　(　　)

6. 다음 윤동주의 작품명과 작품에 대한 해설을 알맞게 연결해 보세요.
Read the descriptions of Yun Dong-ju's poems and match them with the appropriate titles.

(1) 〈쉽게 쓰여진 시〉 •

• ㉠ 일제 강점기의 어려운 상황을 겪는데도, 자신은 시를 쉽게 쓰고 있음을 반성하고 성찰하는 작품이다.

(2) 〈길〉 •

• ㉡ 밤하늘의 별을 보며 어린 시절을 그리워하고 자신을 반성하면서도, 긍정적인 미래에 대한 희망이 담긴 작품이다.

(3) 〈별 헤는 밤〉 •

• ㉢ 식민지 시대를 극복하고 잃어버린 자아를 찾는 길을 나아가겠다는 의지가 담긴 작품이다.

(4) 〈십자가〉 •

• ㉣ 십자가를 짊어진 예수처럼, 자신도 조국의 광복을 위해 희생하겠다는 의지가 담긴 작품이다.

(5) 〈또 다른 고향〉 •

• ㉤ 일제 강점기의 암울한 현실에서 벗어나 아름다운, 또 다른 고향에 가기를 원하는 갈망이 담긴 작품이다.

5. (1) ✕ (2) ○ (3) ○ 6. (1) ㉠ (2) ㉢ (3) ㉡ (4) ㉣ (5) ㉤

7. 다음은 윤동주의 시입니다. 이 작품에 대한 평가문을 읽고, 빈칸에 알맞은 말을 써 보세요.
Read Yun Dong-ju's poem and the review of it. Fill in the blank with the appropriate word.

참회록

파란 녹이 낀 구리 거울 속에
내 얼굴이 남아 있는 것은
어느 왕조의 *유물이기에
이다지도 *욕될까.

나는 나의 참회의 글을 한 줄에 줄이자.
― 만 이십사 년 일 개월을
무슨 기쁨을 바라 살아왔던가.

내일이나 모레나 그 어느 즐거운 날에
나는 또 한 줄의 참회록을 써야 한다.
― 그때 그 젊은 나이에
왜 그런 부끄런 고백을 했던가.

밤이면 밤마다 나의 거울을
손바닥으로 발바닥으로 닦아 보자.

그러면 어느 *운석 밑으로 홀로 걸어가는
슬픈 사람의 뒷모양이
거울 속에 나타나 온다.

---

*유물 remains; legacy   *욕되다 to bring dishonor   *운석 meteorite

이 작품은 윤동주가 자신의 이름을 일본식 이름으로 바꾸기 며칠 전에 썼다고 한다. 그래서 거울에 비친 자신을 들여다보듯 쓴 이 시는 제목 '참회록'의 의미대로, 당시 무기력한 지식인으로서 자신을 (   ) 글임을 알 수 있다.

Activity 2-1
활동

Speak!

영화 〈동주〉를 감상하고 함께 이야기해 보세요.
Watch the movie *Dongju* and talk about it together.

Activity 2-2
활동 2-2

Write!

나혜석은 시대정신을 앞선 여성으로 개인적으로는 불운한 삶을 살았지만 빼어난 작품을 남겼고, 윤동주는 빼앗긴 나라에서 깨어 있는 지식인으로서 고통스러워했지만 지금까지 사랑받는 작품을 남겼습니다. 이들의 작품을 전시하는 큐레이터가 되어 작품들을 소개하는 설명문을 써 보세요.

Na Hye-seok was a woman ahead of her time who lived a personally unfortunate life yet left behind remarkable works. Yun Dong-ju endured the plight of an awakened intellectual in a nation under Japanese occupation yet left behind enduring works cherished to this day. Pretend to be a curator exhibiting their works and write an explanatory writing to introduce them.

Activity 활동 3-1

Think More!

여러분 지역 사회(학교, 지역, 나라)를 대표하는 예술가를 찾아 그 작품과 삶에 대해 조사해 보세요.

Choose an artist representing your community(school, region, or country) and explore his/her life and works.

Activity 3-2
활동 3-2

Make a Presentation!

활동 3-1의 조사로 알게 된 내용을 정리하고 조별로 발표해 보세요.

In groups, make a presentation based on the research in Activity 3-1.

연혁	한국사		세계사	
기원전	약 70만 년 전	구석기 시대 시작	기원전 3500년경	메소포타미아 문명 시작
	약 1만 년 전	신석기 시대 시작	기원전 3000년경	이집트 문명 시작
	기원전 2333년	고조선 건국	기원전 2500년경	인도 문명, 중국 문명 시작
	기원전 108년	고조선 멸망	기원전 753년	로마 건국
	기원전 57년	신라 건국	기원전 492년	그리스·페르시아 전쟁(~479년)
	기원전 37년	고구려 건국	기원전 221년	진(秦), 중국 통일
	기원전 18년	백제 건국	기원전 202년	한, 중국 통일
0~100			25년	후한 성립
			45년	쿠샨 왕조 성립
200			220년	후한 멸망, 삼국 시대 시작
			280년	진(晉), 중국 통일
300	372년	고구려 불교 전래, 태학 설치	313년	로마, 크리스트교 공인
	384년	백제, 불교 전래	320년	굽타 왕조 성립
400	427년	고구려 평양 천도	476년	서로마 제국 멸망
500	527년	신라, 불교 공인	589년	수, 중국 통일
600	660년	백제 멸망	610년경	이슬람교 창시
	668년	고구려 멸망	618년	당 건국
	676년	신라, 삼국 통일	622년	헤지라
	682년	신라, 국학 설립	645년	일본, 다이카 개신
	698년	발해 건국		
700	751년	불국사 건립, 석굴암 창건	710년	일본, 나라 시대 시작
			794년	일본, 헤이안 시대 시작
800	828년	장보고, 청해진 설치	800년	카롤루스(샤를마뉴) 대제, 서로마 황제 대관
			843년	베르됭 조약 체결
			870년	메르센 조약 체결

연혁	한국사		세계사	
900	918년	왕건, 고려 건국	907년	당 멸망
	926년	발해 멸망	916년	거란, 요 건국
	936년	고려, 후삼국 통일	960년	송 건국
	943년	고려 태조, 〈훈요 10조〉 남김		
	956년	광종, 노비안검법 시행		
	958년	광종, 과거제 시행		
	993년	거란의 1차 침입(서희의 담판)		
1000	1019년	거란의 3차 침입(귀주 대첩)	1037년	셀주크 튀르크 건국
			1077년	카노사의 굴욕
			1096년	십자군 전쟁(~1270년)
1100	1107년	윤관, 동북 9성 쌓음	1115년	여진, 금 건국
	1126년	이자겸의 난	1122년	보름스 협약
	1145년	김부식, 《삼국사기》 편찬	1127년	북송 멸망, 남송 시작
	1170년	무신 정변	1185년	일본, 가마쿠라 막부 성립
1200	1231년	몽골의 1차 침입	1206년	칭기즈 칸, 몽골 통일
	1234년	금속 활자로 《상정고금예문》 인쇄	1215년	영국, 《대헌장》 제정
	1236년	팔만대장경 제작(~1251년)	1234년	몽골, 금 정복
	1281년	일연, 《삼국유사》 편찬	1271년	원 건국
			1299년	오스만 제국 성립
1300	1351년	공민왕 즉위	1336년	일본, 무로마치 막부 성립
	1377년	금속 활자로 《직지심체요절》 인쇄	1337년	영국·프랑스 백년 전쟁 시작
	1392년	고려 멸망, 조선 건국	1368년	명 건국
	1394년	한양 천도		
1400	1418년	세종 즉위	1450년경	구텐베르크, 활판 인쇄술 발명
	1434년	장영실 등 자격루, 앙부일구 제작	1453년	비잔틴 제국 멸망
	1443년	훈민정음 창제	1492년	콜럼버스, 아메리카 항로 발견
	1446년	훈민정음 반포		

연혁	한국사		세계사	
1500	1592년	임진왜란(~1598년), 한산도 대첩	1517년	루터의 종교 개혁
	1597년	명량 대첩	1555년	아우크스부르크 화의
	1598년	노량 해전, 이순신 전사	1590년	도요토미 히데요시, 일본 통일
1600	1608년	광해군, 경기도에 대동법 실시	1603년	일본, 에도 막부 성립
	1610년	허준, 《동의보감》 완성	1642년	영국, 청교도 혁명
	1623년	인조반정	1644년	청, 중국 통일
	1627년	정묘호란	1688년	영국, 명예혁명
	1636년	병자호란		
	1644년	허임, 《침구경험방》 펴냄		
1700	1724년	영조 즉위	1776년	미국, 독립 선언
	1725년	탕평책 실시	1789년	프랑스 혁명
	1750년	균역법 실시		
	1776년	정조 즉위, 규장각 설치		
	1796년	수원 화성 완공		
1800	1801년	공노비 해방	1814년	빈 회의(~1815년)
	1811년	홍경래의 난	1840년	아편 전쟁(~1842년)
	1860년	최제우, 동학 창시	1854년	미·일 화친 조약 체결
	1862년	임술 농민 봉기	1861년	미국, 남북 전쟁(~1865년)
	1863년	고종 즉위, 흥선 대원군 집권	1868년	일본, 메이지 유신
	1866년	병인박해, 제너럴셔먼호 사건, 병인양요	1884년	청나라·프랑스 전쟁(~1885년)
	1871년	신미양요, 척화비 건립	1898년	파쇼다 사건
	1876년	강화도 조약		
	1882년	조·미 수호 통상 조약, 임오군란		
	1884년	갑신정변		
	1894년	동학 농민 운동, 갑오개혁(~1896년)		
	1896년	《독립신문》 발행		
	1897년	대한 제국 수립		

연혁	한국사		세계사	
1900	1905년	을사늑약	1911년	신해혁명
	1907년	국채 보상 운동	1912년	중화민국 성립
	1910년	1910년 한국 병합 조약	1914년	제1차 세계 대전(~1918년)
	1914년	주시경, 《말의 소리》 펴냄	1917년	러시아 혁명
	1919년	3·1 운동, 대한민국 임시 정부 수립	1919년	중국 5·4 운동, 파리 강화 회의(~1920년)
	1920년	《신여자》 발행	1929년	대공황 발생
	1926년	6·10 만세 운동	1931년	만주 사변
	1929년	광주 학생 항일 운동	1937년	중·일 전쟁(~1945년)
	1932년	이봉창과 윤봉길 의거	1939년	제2차 세계 대전(~1945년)
	1934년	나혜석, 《삼천리》에 〈이혼 고백서〉 기고	1941년	일본, 진주만 기습
	1942년	조선어 학회 사건	1945년	국제 연합(UN) 성립
	1945년	8·15 광복	1946년	필리핀 독립
	1947년	《조선말 큰사전》 펴냄(~1957년)	1947년	트루먼 독트린
	1948년	《하늘과 바람과 별과 시》 펴냄, 대한민국 정부 수립	1949년	중화 인민 공화국 수립
	1950년	6·25 전쟁(~1953년)	1972년	닉슨, 중국 방문
	1960년	4·19 혁명	1975년	베트남 전쟁 끝남
	1961년	5·16 군사 정변	1989년	중국, 톈안먼 사건
	1979년	10·26 사태, 12·12 사태	1990년	독일 통일
	1980년	5·18 민주화 운동	1993년	유럽 연합(EU) 출범
	1987년	6월 민주 항쟁		
	1988년	제24회 서울 올림픽 대회 개최		
	1993년	금융 실명제 실시		
	1997년	국제 통화 기금(IMF) 구제 금융 신청		
2000	2000년	2000 남북 정상 회담	2001년	미국, 9·11 테러 발생
	2002년	한·일 월드컵 공동 개최	2003년	미국·이라크 전쟁(~2010년)
	2007년	2007 남북 정상 회담	2011년	동일본 대지진
	2018년	2018 남북 정상 회담		

ㄴ

한국 역사 인물을 살필 수 있는 연관 사이트
Related Websites about Korean Historical Figures

세종문화회관 '세종 이야기·충무공 이야기'

　　http://sejongstory.or.kr/sejongstory/main/main.do

한글 학회 https://hangeul.or.kr

국립한글박물관 https://www.hangeul.go.kr

오죽헌·시립박물관 https://www.gn.go.kr/museum/index.do

김만덕기념관 http://www.mandukmuseum.or.kr

국가유산청 현충사관리소 '충무공이순신기념관'

　　https://hcs.cha.go.kr/cha/idx/SubIndex.do?mn=HCS

강서구 문화 시설 통합 운영 시스템 '구립 허준박물관'

　　https://culture.gangseo.seoul.kr/gsfc/main/contents.

　　do?menuNo=800119

수원화성박물관 https://hsmuseum.suwon.go.kr/index.jsp

국립중앙박물관 https://www.museum.go.kr/site/main/home

간송미술문화재단 http://kansong.org

연세대학교 윤동주기념관

　　https://yoondongju.yonsei.ac.kr/yoondongju_m/index.do